W0228659

Wie Mann jede Frau weichkocht

Gabriella
Moliné

Wie Mann *jede Frau* weichkocht

Das Kochbuch der Verführungen –
mehr als nur Rezepte

Mit Fotografien von Vera Friederich

Eichborn.

Die Deutsche Bibliothek – CIP-Einheitsaufnahme

Moliné, Gabriella:
Wie man jede Frau weichkocht : Das Kochbuch der Verführungen ... mehr als nur Rezepte / Gabriella Moliné. – Frankfurt am Main : Eichborn, 2001
ISBN 3-8218-3492-7

Lektorat: Oliver Thomas Domzalski
Redaktion: Birgit Albrecht
Umschlaggestaltung: Christina Hucke unter Verwendung eines Fotos von Vera Friederich
Gesamtherstellung: Fuldaer Verlagsagentur, Fulda
ISBN 3-8218-3492-7

Verlagsverzeichnis schickt gern:
Eichborn Verlag, Kaiserstr. 66, 60329 Frankfurt
www.eichborn.de

Inhaltsverzeichnis

Vorwort: Wie Sie bis zum Dessert ihr Traummann werden 9

TEIL 1 SEXOLOGY – Der Schlachtplan 13

Wie Göttinnen anbeissen 14
Holen Sie ihr die Sterne vom Himmel 19
Wie Frauen auf Komplimente reagieren 21
Inspirationen für Balztänze 23
Was Frauen anmacht 26
»Succsex« und andere Liebesgeheimnisse 29
Wie Männer dazu kommen, nicht zu schnell zu kommen 31
Dresscode 34
Gabriellas Psychonews 36
Tischlein deck dich … 39
Spieltrieb 44
Erotik-Horoskop 48
Das Hol- oder Bring-Menü 53

TEIL 2 INTERCOURSES – Die sechs Menü-Rezepte 55

La dolce vita: Italienisches Menü 57
(Einsteiger-Kochkurs)

Vorspeise:	Marinierter Tomatensalat mit Mozzarella 61
Zwischengericht	Reis mit Prosecco 63
Hauptgang	Kalbsschnitzel mit Parmaschinken und Salbei 65
Dessert	Erdbeeren mit Schwipseis 67

Einkaufsliste 68

Take a walk on the wild side: Kalifornisches Menü 69
(Fortgeschrittenen-Kochkurs)

Vorspeise	Frischer Spinatsalat mit Aprikosen und Ingwer 72
Zwischengericht	Engelshaarspaghetti mit Roma-Tomaten und Limetten 74
Hauptgang	Spiesse von Jakobsmuscheln mit Relish 76
Dessert	Rosa Grapefruit-Sorbet mit Tequila 78

Einkaufsliste 80

Sunset at the beach: Kreolisches Menü 81
(Fortgeschrittenen-Kochkurs)

Vorspeise:	Karibischer Mango-Tomaten-Zwiebel-Salat mit Limettendressing 84
Zwischengericht	Spinat-Bananen-Röllchen mit Zwiebel-Chutney 86
Hauptgang	Gegrilltes Jerkhähnchen 89
Dessert	Tropischer Fruchtsalat mit Guaven 91

Einkaufsliste 92

Ein kulinarisches Kamasutra: Indisches Menü 93
(Für Könner)

Vorspeise | Indische Gemüsesuppe à la Klaus Werner Wagner 96
Zwischengericht | Gefüllte Pasteten mit Auberginen-Chutney und Minzsauce 98
Hauptgang | Kartoffel-Blumenkohl-Curry 101
Dessert | Indische Eiscreme 104

Einkaufsliste 106

East meets West: Japanisches Menü 107
(Für noch grössere Könner)

Vorspeise | Misosuppe mit Shiitake-Pilzen 110
Zwischengericht | Ahi-Thunfisch auf Soba-Nudeln 111
Hauptgang | Rindersteak in Sesam-Marinade mit grünen Bohnen 113
Dessert | Frische Orangen mit Rosensirup 115

Einkaufsliste 116

Pas de deux: Französisches Menü 117
(Für Meisterköche)

Vorspeise | Karamelisierter Chicorée mit Radicchiosalat 120
Zwischengericht | Seezungenröllchen mit Räucherlachsfarce auf Gemüsenudeln mit Weissweinsauce 122
Hauptgang | Maispoulardenbrust an Sauce von rosa Champignons mit Thymiankartoffeln 125
Dessert | Mousse au chocolat mit Orangenlikör 127

Einkaufsliste 129

TEIL 3 TIPS & TRICKS 131

Cocktaikempfehlungen und -rezepte 132
Gabriellas sechs Gebote zum Weichkochen 142
Die sechs Todsünden eines Verführungsabends 144
Pop(p)-Musik 146

Nachwort 149
T.A.S.T.E. 151

Wie Sie bis zum Dessert ihr Traummann werden

Herzlich willkommen, meine Herren. Ich bin, wie meine Artgenossinnen, von einer offenbar angeborenen unstillbaren Neugier. Deshalb mal ehrlich: Träumen auch Sie davon, sich mit der Frau Ihrer Begierde nächtelang in den Laken zu wälzen? Erotische, genußreiche Stunden voll hemmungslosem Sex zu genießen? Sich gegenseitig nach Strich und Faden zu verwöhnen, bis Sie beide vor Erschöpfung wegschlummern? Trotz des »hohen körperlichen Einsatzes« voll strotzender Energie und rundherum befriedigt?
Wenn auch Sie diesen Traum haben (und welcher Mann hätte ihn nicht?), dann halten Sie genau das richtige Buch in Händen. Atmen Sie tief durch, und freuen Sie sich drauf, denn ab sofort geht's um die schiere LUST. Lassen Sie uns gemeinsam den Gipfel des Genusses erklimmen. Es muß zwar nicht immer Kaviar sein – aber letztlich sind wir doch alle scharf auf das Gelbe vom Ei, oder?
Ich freue mich, Ihnen bei unserer Entdeckungsreise rund ums Thema Verführen, Verwöhnen und Vernaschen als Tour-Guide dienen zu dürfen.
Ich kann Ihnen garantieren, daß Sie viel Neues erfahren werden: über die geheimsten Wünsche der Frauen, über ein erfülltes Liebesleben – und vor allem über sich selbst.
Und ich verspreche, daß es spannend wird. Denn ich verrate Ihnen alles, was wir Mädels uns wünschen, wie wir denken und wovon wir heimlich träumen. Alles aus erster Hand und als Ergebnis meiner jahrelangen aufregenden »Studien«. Unzählige Frauen haben mir während dieser Zeit Rede und Antwort gestanden, mir ihre kleinen Geheimnisse verraten und ziemlich ungewöhnliche Gespräche über Leidenschaft mit mir geführt.

In diesem Buch erhalten Sie eine Menge Tips, die Sie inspirieren sollen, sich von der Masse der stieseligen Männer abzuheben. Und welche Frau fühlt sich nicht gebauchpinselt, wenn sie mal mit unerwarteten Überraschungen verwöhnt und verzaubert wird? Heizen Sie Ihrer Angebeteten ordentlich ein, und würzen Sie kräftig nach, bis sie vor Heißhunger nach Ihnen vergeht. Das Angebot an Menüvorschlägen ist groß – Sie brauchen nur auszuwählen, was Sie anmacht und mit welchen leidenschaftlichen Schwelgereien Sie Ihre Süße antörnen möchten.

Übrigens sind dies alles Dinge, die Sie schon in den Genen und somit von Natur aus draufhaben. Vielleicht hier und da verschüttet – doch gemeinsam werden wir sie wieder ans Tageslicht befördern. Darauf können Sie (und Ihre Liebste) sich schon jetzt freuen.
Obendrein haben Sie recht wenig Konkurrenz, wenn es um Kreativität geht, denn verdammt viele Männer machen sich verdammt wenig Gedanken darüber, wie reizvoll es sein kann, die Geliebte aufmerksam zu verwöhnen. Wohlgemerkt: Die Betonung liegt auf auf-merk-sam!
Lassen wir's doch auf einen Versuch ankommen. Verstehen Sie meine kleine Lektüre als ein Plädoyer für ein »sinnliches Liebesmahl«. Betrachten Sie mich als Verbündete, die Ihnen wie eine gute, alte Freundin alles Schöne auf Erden gönnt und immer im richtigen Augenblick mit wichtigen Tips und Ratschlägen auftaucht. Was Sie damit anfangen, ist Ihre Sache.
Frei nach der amerikanischen Weisheit »the way to a woman's heart goes through her stomach« sage ich, daß der kleine Trick mit der kulinarischen Verführung auf keinen Fall unterschätzt werden darf. Die Lust, beim Essen völlig abzuheben, ist aber nur eine von vielen »Höhenflugstrategien«, und so strotzt dieses Buch regelrecht vor weiteren Inspirationen.
Also ran an den Feind und die Waffen in Position gebracht! Gute Planung ist das A und O! Schließlich haben die großen Feldherren der Geschichte ihre Kriegslisten auch nicht erst während des Angriffs ersonnen.

Kurze Bestandsaufnahme vorweg:

Es gibt zwei mögliche Gründe, warum Sie dieses Buch nun in Händen halten:
Entweder haben Sie es entdeckt und gekauft, weil Sie als Hobbykoch es seit jeher lieben, Ihre Phantasie für lustvolle Dinners einzusetzen. Ihnen werden die Menüs, die Sie im zweiten Teil dieses Buches finden, spielend von der Hand gehen. Ihre Partnerin wird sich wundern, wenn Sie Ihre Kochkünste um meine Verwöhntricks erweitern.
Oder aber man hat Ihnen diese Lektüre geschenkt und/oder aufs Auge gedrückt. Zudem sind Sie vielleicht der Überzeugung, Kochen mache viel zu viel Arbeit und sei außerdem Frauensache. Und Sie halten es für oberaffig, mit Schürze und Kochlöffel in einer Küche rumzuturnen. Auch gut, denn:
Weichkochen kann, muß aber nicht zwingend etwas mit Kochen zu tun haben!
Hey, heißt das, ich muß überhaupt nicht kochen können, um beim Weichkochen erfolgreich zu sein? Messerscharf analysiert. Sie müssen gar nichts, vor allem nicht, wenn es Ihnen keinen Spaß macht, am Herd rumzufuhrwerken. Essen kann man auch bestellen und danach toll anrichten (hierfür zusätzliche Ideen für Kochmuffel im *Hol- oder Bring-Menü* auf Seite 54). Ich bin sicher, Lady Love wird grünes Licht signalisieren, wenn Sie ihr einfach einen Abend lang die kulinarischen Sterne vom Himmel holen und sie dabei keinen einzigen Finger zu krümmen braucht.

Obwohl, wenn Sie mal genauer darüber nachdenken ... warum eigentlich nicht? Eventuell würden Sie es doch gerne mal mit etwas Einfachem zum Selberkochen probieren? Schließlich kann nichts dieses Gefühl des Stolzes toppen, mit dem Sie wie nebenher »Na klar!« antworten, wenn die genießende Geliebte Sie ungläubig fragt, ob Sie das etwa alles selbst ...
Wie? Sie haben Kochen noch nie wirklich ausprobiert und möchten sich bei der Premiere auf keinen Fall blamieren? Mit meinem *Einsteiger-Menü-Kochkurs* auf Seite 58 kann auch bei Ungeübten rein gar nichts schiefgehen. Ich habe für Sie jeden einzelnen Schritt haarklein erklärt. Fragen: keine. Erfolg: garantiert! Haben Sie Lust bekommen?
Jungs, es ist doch so einfach, Euch stehen doch alle Wege offen! Lassen Sie uns also mit der Eroberung der Göttinnen beginnen.

Sexology – Der Schlachtplan

Wie Göttinnen anbeißen

Sie sind also eines der vielgesuchten männlichen Exemplare, die weder gebunden noch verliebt, verlobt oder verheiratet sind. Immer noch Single, oder, thanks god, schon wieder glücklich geschieden. Also frei wie ein Vogel und auf der Suche nach der Frau Ihrer Träume. Oder einfach neugierig auf was Neues. Und Sie fragen sich etwas besorgt, wie Sie bei Ihrem Anmach-Auftritt grob fahrlässige Fehler vermeiden?

Ich kann diese Sorge nachempfinden, denn wie oft hat sich bei mir ein eigentlich ganz brauchbarer Anwärter nur durch sein nervöses, dusseliges Verhalten beim ersten Ansprechen neben einem Korb auch noch eine Talfahrt seines Selbstbewußtseins eingehandelt.

In meiner Zweitheimat Kalifornien gehen die Beach Boys viel lässiger damit um. Die fragen als erstes, ob man verheiratet oder gebunden ist, lautet die Antwort »Nein«, dann fragen sie sofort, ob man an einem Date interessiert sei. Wenn die Dame zögert, dann war es »nice to meet you«, und weg ist er, der braungebrannte Dreamboy! Straight, nice and easy, nicht wahr? Ich schätze, in Deutschland würden Sie sich eher 'ne Backpfeife einhandeln, wenn Sie so »superromantisch« an den Start gehen. Darum kann ich mir auch lebhaft vorstellen, daß Ihr Jungs manchmal Euren ganzen Mut zusammenraffen müßt – speziell, wenn es sich um eine Frau handelt, die just Euren Träumen entsprungen zu sein scheint.

Nun, die Aufregung kann ich Ihnen leider nicht nehmen – und ich kann auch nicht verhindern, daß Sie eventuell schlicht und ergreifend nicht auf Gegenliebe stoßen werden. Wenn's nicht paßt, kann man halt nix machen, und andere Väter haben schließlich auch schöne Töchter.

Aber ich lasse den Flirtwilligen gerne ein paar Ratschläge aus eigener Angräber-Erfahrung zukommen, mit denen sie zumindest vermeiden können, mit hängendem Kopf vom Spielfeld marschieren zu müssen:

1. Augenkontakt!

Schauen Sie Ihre Auserwählte einen Augenblick länger an, als Sie es üblicherweise tun würden, und achten Sie auf mögliche Reaktionen. Was ich meine, ist wirklich *hinschauen*, nicht drüberschauen. Sollte die Dame Ihren Blick nicht erwidern, hat Sie höchstwahrscheinlich kein Interesse, und Sie suchen sich besser ein neues Opfer. Aber Vorsicht – manche Frauen sind einfach nur verlegen und trauen sich nicht. Nur Geduld, Sie werden schon herausfinden, ob Sie Chancen haben.

2. Ansprechen, nicht anquatschen!

Sie können sich kaum vorstellen, wie oft wir Frauen dumm von der Seite angetextet werden. Ihre Aussichten auf Erfolg werden immens steigen, wenn es Ihnen gelingt, ein normales Gespräch zu führen.
Etwas direktere, aber, wie ich finde, ganz flotte Angräbersprüche, die mich zumindest zum Talk bewegt haben, waren nach dem Motto:
»Sag mal, stimmt mein Gefühl, daß du, statt dich hier weiter zu langweilen, lieber ein interessantes Gespräch führen möchtest? Hast du Lust ...«
»Ich bin hier sicher nicht der einzige, der bemerkt hat, welch tolle Frau du bist, aber im Augenblick traut sich sonst keiner, dir dieses Kompliment persönlich zu machen. Darf ich dich/Sie zu einem Drink einladen?«
»So wie du aussiehst, kannst du dich bestimmt gut bewegen. Hast du Lust zu tanzen?«

Oder wählen Sie für den ersten Gesprächskontakt eine Situation, die Sie beide gerade beobachtet haben. So geht's am leichtesten, und der Bann ist gebrochen.

3. Humor zieht immer!

Charmante, aber freche Sprüche wie z. B. »Würden Sie für 2000 DM mit mir schlafen?« ... Pause ... »Ach bitte! Ich brauch das Geld ...« ziehen nur bei bestimmten Frauentypen. Dennoch ist eine Portion Humor eine wunderbare Voraussetzung für das erfolgreiche Abschleppen einer Göttin. Nicht umsonst wird gemunkelt, wenn man eine Frau zum Lachen bringt, bringt man(n) sie zu allem. Humor sollte spontan und situationsbezogen sein – darum bitte keine zwanghaft lustigen Witzchen. Wenn Sie von Natur aus nicht mit diesem komischen Talent gesegnet sind: nichts erzwingen! Natürlich und freundlich wirken Sie immer noch am allerbesten.

4. Gehen Sie bewußt mit Komplimenten um!

Girls fühlen sich durch Komplimente für ihre Schönheit logischerweise gebauchpinselt – aber jede kluge Frau weiß, daß Schönheit vergänglich ist. Daher sollten Sie durchaus auch ihre inneren Werte mit Schmeicheleien bedenken. Preisen Sie also nicht nur ihr wundervolles goldenes Haar, sondern signalisieren Sie, daß Sie ihren Verstand, Humor und Charakter genauso wertschätzen. Es beruhigt uns Mädels sehr, wenn wir entdecken, daß Ihr uns um unserer selbst willen liebt und nicht nur wegen unseres elfenhaften Aussehens. Ausstrahlung ist eben etwas, das nicht vergeht, und die Augen einer Frau sind die bestgeeigneten Zielobjekte für Ihre Galanterien. Mehr hierzu im Kapitel *Inspirationen für Balztänze* auf Seite 23.

5. Seien Sie gelassen!

Gerade Ihrer Traumfrau sollten Sie selbstbewußt begegnen. An tolle Frauen traut sich fast kein Mann ran, darum stehen Ihre Chancen mangels Konkurrenz gar nicht so schlecht. Beim Anblick einer schönen Frau darum bitte nicht flüchten, sondern ran! Selbstbewußtsein ist eine Eigenschaft, die Prinzessinnen magisch anzieht. Und auch Traumfrauen sind trotz ihrer schönen Hülle normale Menschen. Wenn Fritz Normalo das beherzigt, beruhigt sich sein aufgeschrecktes Gemüt, und er geht unbefangener auf sein »Opfer« zu.

6. Offene Fragen stellen!

Auch Ihre Traumfrau kann schüchtern und nervös sein, deshalb machen Sie es ihr leichter, wenn Sie ihr Fragen stellen, die sie nicht nur mit ja oder nein beantworten kann. Statt zum Beispiel »Warst du schon mal in New York?« also lieber »Wohin würdest du gerne mal reisen?« ins Repertoire aufnehmen. So hat sie die Möglichkeit, ganz unbefangen etwas von sich zu erzählen, und Sie erfahren spielend mehr von ihr.

Flirtsünden

Sehr leicht können Sie, ohne es vorher zu ahnen, mitten im Fettnapf landen. Frauen sind halt manchmal ganz schön kompliziert. Damit Sie wissen, was Sie unbedingt vermeiden sollten, hier einige Warnungen:

1. Cool tun.

Das können Sie später immer noch. Als Einstieg ist die »Zickentour« die falsche Taktik. Frauen stehen mehr auf Natürlichkeit. Den Macho können Sie dann – falls angebracht – immer noch im Bett auspacken.

2. Zu viel oder zu laut lachen.

Das wirkt höchstens künstlich und törnt völlig ab. Wenn Ihnen gerade nix Lustiges einfällt, halten Sie lieber die Klappe oder machen Sie ihr ein liebes Kompliment. Das bringt Sie immer noch weiter nach vorn.

3. Stars anhimmeln.

Toll, wenn Sie von Pamela Anderson schwärmen, Ihr Date aber eher wie Kate Moss aussieht. Verraten Sie ihr lieber, was Sie *an ihr* unwiderstehlich finden, und verzichten Sie auf Vergleiche.

4. Von der Ex erzählen.

Wie blöd oder super sie war, ist nun wirklich kein Thema. Außerdem denkt Ihre Neueroberung nur, daß Sie immer noch an Ihrer Verflossenen hängen und die nur mit dem Finger zu schnippen braucht, damit Sie sofort wieder zu ihr dackeln.

5. Anderen Frauen hinterhergaffen.

Sparen Sie sich das lieber für Zusammentreffen mit Ihren Kumpels auf. Schenken Sie ihr Ihre ungeteilte Aufmerksamkeit. Zeigen Sie ihr, daß im Augenblick nur sie allein zählt und alle anderen, noch so attraktiven Frauen zweitrangig sind. Sonst wird sie nur nervös und zieht sich ins Schneckenhaus zurück.

6. Lügen Sie nie.

Sie können sich nicht vorstellen, mit welchem Elefantengedächtnis Frauen aufwarten können, wenn sich herausstellt, daß Sie beim ersten Kennenlernen geflunkert haben. Wundern Sie sich also nicht, wenn sie Ihre kleinen Übertreibungen bei nächster Gelegenheit aufdeckt. Also: Immer schön bei der Wahrheit bleiben.

Holen Sie ihr die Sterne vom Himmel …

… oder: Wie zum Teufel mache ich das passende Kompliment?

Treffende Komplimente, die mit Amors Hilfe wie von selbst ins Schwarze treffen, sorgen zuverlässig dafür, daß der Schmelzgrad einer jeden Frau ganz beträchtlich sinkt. Leider gehen die meisten Männer damit viel zu sparsam um. Manche befürchten sogar, sich in eine schwächere Position zu bringen, wenn sie ihr Herz öffnen. Schade, denn liebevolle Worte geben einer Romanze ihren Zauber.

Kleine Aufmerksamkeiten verschönern nicht nur den Alltag, sondern geben dem »schwachen« Geschlecht das unbeschreibliche Gefühl von Geborgenheit und Vertrauen. Eben das Gefühl, ganz Frau zu sein – und wenn mich nicht alles täuscht, ist es doch genau das, was Ihr wollt.

Aber einer Frau das »richtige« Kompliment zu machen ist gar nicht so leicht. Plötzlich ist Ihnen die romantische Ader abhanden gekommen, und Ihnen will gerade so gar nichts Originelles oder Passendes einfallen. Oder »Mann« vergißt vor lauter Action das Schmeicheln. Damit das in Zukunft klappt, gebe ich Ihnen einen kleinen Einblick in die weibliche Vorstellung von überzeugendem Süßholzraspeln:

Uns Mädels geht es nämlich nicht darum, daß die Späne fliegen wie Konfetti bei der Mainzer Fastnacht oder daß Ihr Komplimente verteilt wie die Karnelvalsprinzen »Kamelle«!

Vielmehr haut es uns aus den spitzenverzierten Söckchen, wenn Ihr Mannsbilder die Grundregeln des Schmeichelns beherrscht.

Das Ausschlaggebende an gekonnten Galanterien ist eben nicht unbedingt *was* Sie sagen, sondern *wann* Sie es sagen. Im Klartext: ***Das Timing macht die Musik!***

Sie kennen das sicher aus Erfahrung: Die schmalzigste Sülzerei kann im richtigen Augenblick am richtigen Ort die Atmosphäre regelrecht verzaubern, während sie zum falschen Zeitpunkt übertrieben, klischeehaft und kitschig wirkt. Ebenso ist eine schlichte, anerkennende Bemerkung am Rande in der einen Situation mega-angebracht, während Sie mit dem exakt identischen Text in verträumter lauer Sommernacht eher als Gefrierschrank-Romantiker dastehen würden.

Zum Piepen fand ich das Ergebnis einer selbstinszenierten Umfrage, bei der interessanterweise 95 % aller befragten Männer zum Thema »Welches sind Ihre schönsten Komplimente?« erschrocken die Hände über dem Kopf zusammenschlugen und meinten, übertriebenes Gesülze und dämliche Liebesschwüre würden sie sicher nicht über die Lippen kriegen. Spaßig, nicht wahr? Denn danach hatte gar niemand gefragt, sondern nur nach harmlosen Komplimenten.
Zu erfahren war nach verlegenem Räuspern und Herumdrucksen lediglich die gehaltvolle Aussage »Komplimente sollen spontan sein, und so was kann man nicht vorbereiten. Ohne die passende Atmosphäre (!?!) fällt mir da gerade nichts ein.«
Schönen Dank für die Auskunft! Und was genau ist die passende Atmosphäre für Euch? Bei den meisten Artgenossen der Spezies Mann scheint dies wohl ein lebenslang gehütetes Geheimnis zu bleiben!
Denn die Gegenfrage, welches die schönsten Komplimente waren, die Frauen verbuchen konnten, war auch nicht viel ergiebiger. Die Ladies gestanden mir, daß Ihr Mann, Verlobter bzw. Lover viel zu selten auf romantische Schmeicheleien komme, obwohl sie (hört, hört!) doch so sehnsüchtig danach lechzten.
Vertrackte Situation also: Sie steht drauf, und er pfeift drauf. Was tun?
Männer vermögen offenbar nicht zwischen galanten Schmeicheleien und überladenem Gesabbel zu unterscheiden. Und sie scheinen der Meinung zu sein, daß Frauen stets Superlativen erwarten. Gentlemen, seht das Ganze mal nicht so eng! Komplimente sollen möglichst einen hohen Wahrheitsgehalt haben, leichte Übertreibungen sind jedoch durchaus statthaft. Und sollte das Eure Befürchtung sein: Ihr werdet auch bestimmt nicht auf der Stelle zum Ehevertrag gezwungen, nur weil Ihr ein wenig mehr mit den Wimpern klimpert als sonst. Und Ihr könnt Euch nicht im entferntesten vorstellen, wie verliebt wir Euch wahlweise zu Füßen liegen oder in Eure starken Arme sinken würden, wenn Ihr die süßen Zähnchen mal auseinander kriegtet.

Wie Frauen auf Komplimente reagieren

Ja, ich geb's ja zu: Auch wenn Sie zu den Könnern beim Schmeicheln gehören, waren die Reaktionen der Angebeteten auf Ihr Süßholzraspeln sicher sehr unterschiedlich.
Wir alle haben so unsere Schwächen – und was dieses Thema betrifft, ist das »schwache Geschlecht« leider wirklich ziemlich schwach. Wenn es um das souveräne Annehmen von Komplimenten geht, sind wir Frauen wirklich nicht mit Selbstsicherheit geschlagen.
Auch wenn wir oft so tun, als ob wir fest im Sattel säßen und alles im Griff hätten: Das muß nicht die Wahrheit sein.
Eine bezeichnende Umfrage des GEWIS-Institutes ergab, daß 48 % aller Frauen zwischen 20 und 35 Jahren an sich selbst zweifeln. 58 % finden z. B. ihre Hüften zu breit, und jede zweite Frau ist mit ihren Haaren oder mit ihrem Busen unzufrieden. Deshalb ist ein verdammt großer Teil der Frauenwelt zu verklemmt, zu verkrampft oder einfach nicht daran gewöhnt, mit Komplimenten umzugehen. Und so reagieren wir oftmals völlig deppert und total verlegen – erst recht, wenn's überraschend kommt. Uns fehlt es in diesen Momenten eben an der nötigen Sicherheit!
Nur relativ wenige Frauen können sich charmant für süße Schmeicheleien bedanken. Ich möchte Sie nur vorwarnen, denn es kann Ihnen durchaus passieren, daß Sie anstelle eines verzückten Lächelns mit angemessenem Augenaufschlag …

1. … irgendein albernes Gekicher mit anschließendem Ablenkmanöver vernehmen (»höhö, hihi, haha, sag mal, wie heißt noch mal dieses Gericht, das wir vor fünf Jahren in diesem kleinen Restaurant am Strand auf Mallorca gegessen haben …«),

2. … ein völlig überflüssiges Runterspielen der Wahrheit beobachten können (»ach was, das Kleid ist doch schon uralt« – völliger Unsinn, denn sie hat es heute nachmittag bei einem Marathonlauf durch Designerboutiquen zu einem sündhaft teuren Preis erstanden),

3. … sich im schlimmsten Fall einen ablehnenden oder gar aggressiven Gegenangriff einhandeln (»Lügner, die neue Frisur ist grauenhaft, und den Friseur verklag' ich auf Schadensersatz. Hör auf, verarschen kann ich mich selber …«)

Bitte glauben Sie mir, wenn ich Ihnen versichere: ***Wir meinen das garantiert nicht so, wir können nur oft nicht anders.*** In diesem Fall brauchen wir Euch Männer, damit Ihr uns behilflich seid und die Situation entspannt (anstatt Euch verschreckt ins Schneckenhaus zurückzuziehen und 20 Jahre lang kein Kompliment mehr über die Lippen zu bringen).
Also: Entweder Sie packen jetzt das »Killer-Kompliment« aus, d. h., Sie laden noch mal nach:

Zu 1. »Das Restaurant weiß ich nicht mehr, denn wegen deiner schönen Augen konnte ich mich schon damals auf nichts anderes konzentrieren …«

Zu 2. »Hervorragend, daß du in all diesen Jahren immer noch die gleiche Top-Figur behalten hast.«

Zu 3. »Hör mal, mein Schatz, eigentlich brauchst du nur danke zu sagen, denn ich finde dich heute abend unglaublich attraktiv.«

Oder Sie sehen mit einem sanften Lächeln in den Mundwinkeln gewitzt drüber hinweg. Ganz wichtig jedenfalls: Bloß nicht verunsichern lassen.

Inspirationen für Balztänze

Nach den geschlechtsübergreifenden Komplimentforschungen geht's jetzt aufs Ganze in meinem »Traummann-Fortbildungsseminar«.

Die Sechs-Punkte-»Macher«-Strategie:

1. **vom richtigen Anmachen**
2. **zum Neugierigmachen**
3. **übers Lockermachen**
4. **zum Weichmachen**
5. **gefolgt vom Heißmachen**
6. **und dann der gekonnte Übergang zum Schwachmachen.**

Logisch, daß nicht jede der nachfolgenden Anregungen für jeden Charmeur gleich gut geeignet ist. Darum suchen Sie sich das für Sie Passende nach Ihrem Geschmack raus. Oder lassen Sie sich zu Eigenkreationen anregen. In jedem Fall gilt: Seien Sie aufmerksam für den Moment, wo die Atmosphäre stimmt ...

Kleine Bestätigungen:

Wenn Sie miteinander im Gespräch sind, dann bestätigen Sie ihre Erzählungen mit kleinen Bemerkungen – und Sie können zusehen, wie schnell Mädels zu Wachs in Ihren Händen werden:

»Hey, auf diese Idee wäre ich nicht gekommen!«
»Sauber! So schlagfertig möchte ich auch mal sein.«
»Ist ja spannend, erzähl weiter!«
Aber vermeiden Sie gönnerhafte Lobesformeln nach Oberlehrerart wie »Nicht schlecht« oder »Das hätte ich dir gar nicht zugetraut.«

Indirekte Komplimente:

Ein überraschendes Kompliment ist leichter verdaulich, wenn Sie es in einem Nebensatz unterbringen. Es macht zudem Eindruck, wenn Sie kunstvoll unauffällig Ihren Zauber versprühen, und wirkt nie zu aufdringlich, denn Ihre Lady hat die Freiheit, darauf mehr oder – falls unsicher – weniger einzugehen:

»Wer so aussieht wie du …«
»Bei deiner Intelligenz ist es kein Wunder, daß …«
»Bei deiner Ausstrahlung hätte ich mich auch nicht gewehrt, denn …«
»Ich find's richtig schön, dich heute abend zu hier zu haben, weil …«

Charmeur-Komplimente:

Suchen Sie sich Ihren ganz speziellen Lieblingspart am Körper Ihrer Angebeteten heraus, und beschreiben Sie diesen mit einem ausdrucksstarken Attribut: beispielsweise ein *bezauberndes* Lächeln, intensiv *strahlende* Augen, besonders *sinnliche* Lippen, *zartfühlende, sensible* Hände, *sanftschimmernde* Haut, *glänzendes, weiches* Haar, *sexylange* Beine usw. Frauen stehen unglaublich drauf, wenn Sie neben dem ständigen »schön« auch mal auf andere, treffsicherere Beschreibungen kommen.
Feuern Sie Ihre charmanten Pfeile unbedingt in einem besonders innigen Augenblick ab. Kleiner Tip am Rande: Verzichten Sie zumindest am ersten Abend Ihrer Erobererkarriere darauf, *gleich zu Beginn* Intimzonen wie Busen, Po und Genitalien verbal zu bedenken. Merke: Erst mal kommt der vordringlich wichtige Kleinkram dran, für die »wesentlichen« Teile haben Sie später immer noch genügend Zeit.

Herzensbrecher-Komplimente:

Wenn Sie zu der Sorte »Romeo säuselt unterm Balkon« gehören und eine ausgeprägte poetische Ader besitzen, dann sollten Sie sich nicht zurückhalten, sondern nach Strich und Faden sülzen und schmalzen, bis es trieft. Es gab Augenblicke, da bin selbst ich als realistische Frau regelrecht weggeflossen:

»Deine Eltern müssen Diebe sein – sie haben zwei Sterne vom Himmel gestohlen und sie dir als Augen geschenkt!«

Sterne sind übrigens immer hervorragend zu gebrauchen und verfehlen nie ihre Wirkung:

»Als du geboren wurdest, regnete es die ganze Nacht. Nicht weil es regnen sollte, sondern weil der Himmel um den süßesten Stern weinte, den er verlor.«

Sollte Ihre Geliebte stolze Eigentümerin von Sommersprossen sein, paßt dieses Kompliment sensationell: »Ein Gesicht ohne Sommersprossen ist wie ein Himmel ohne Sterne.«

Auch Tränen eignen sich bestens für ein herzerweichendes Kompliment: »Wenn du eine Träne wärst, würde ich niemals mehr weinen, aus Angst, dich für immer zu verlieren.«

Sie verstehen schon – Ihnen wird sicher etwas Passendes einfallen.
Im Zweifelsfalle bemühen Sie doch einfach die Literatur. Abertausende Zitate, Gedichte und Weisheiten sind von wahren Meistern verfaßt worden. Warum sich krummlegen, wenn ausgesucht treffende Formulierungen schon zum Zitieren bereitstehen? Sollten Sie sich ungern mit fremden Federn schmücken (was nebenbei bemerkt absolut gestattet wäre), prägen Sie sich doch den Namen des Verfassers ein. Himmelsglöckchen werden läuten, und Sie erscheinen dann auch noch umwerfend bewandert und gebildet. WOW!

Wichtig: Für welche Strategie Sie sich auch erwärmen mögen – nach dem Kompliment folgt bitte schön eine zärtliche Umarmung, ein inniger Kuß oder was Liebesfilme noch so alles hergeben (»Ich schau dir in die Augen, Kleines ...«).

Was Frauen anmacht

Eine Bedienungsanleitung für Mars-Männer zum Verführen von Venus-Girls

Daß Männer vom Mars und Frauen von der Venus kommen sollen, ist ja mittlerweile hinreichend bekannt. Ich habe mich schon immer gefragt, wer eigentlich auf die bescheuerte Idee gekommen ist, ausgerechnet die völlig gegensätzliche Sexualität von Mann und Frau miteinander vereinen zu wollen. Aber kurioser- und spannenderweise versuchen wir es immer wieder.

Leider jedoch wissen viele Männer kein bißchen darüber Bescheid, wie und wo die Erregungskurve ihres Sweethearts verläuft – wohl deshalb hat die Hälfte der Frauen beim Geschlechtsverkehr selten oder nie einen Orgasmus.

Dabei sind wir Frauen nicht komplizierter als Ihr – nur eben anders. Dafür können wir nix und Ihr auch nicht. Und da Ihr Männer meistens die Schnelleren seid, müßt Ihr halt ein wenig langsam machen. Wir können leider nicht Gas geben, das liegt einfach nicht in unserer Natur. Nix zu machen. Gegen einen Quickie ab und zu ist ja nichts einzuwenden, aber immer Quickie ist total gegen unser Naturell. Unsere Herrgöttin hatte offensichtlich andere Pläne, und daran läßt sich nichts ändern.

Deshalb solltet Ihr hin und wieder daran denken, daß wir Girls in Sachen Erregung auf »Lover with a slow hand and an easy touch« stehen.

Jetzt mal ganz von Anfang an: Welche Körperregionen Ihrer Geliebten sind Ihrer Meinung nach konkret am Lustempfinden beteiligt? Nun, das sind potentiell sehr viele – um nicht zu sagen: so ziemlich alle.

Die entscheidende Frage ist aber oft: Auf welche der denkbaren erotischen Stimulationen fährt Ihr Superweib *heute* ganz besonders ab? Schließlich verändert die aktuelle Stimmung auch das Faible fürs Programm! Nicht jeder Tag ist wie der andere – und für Nächte gilt das erst recht.

Hier ist also Einfühlungsvermögen gefragt. Im Rahmen der Entwicklungshilfe verrate ich Ihnen jetzt die simpelsten Tricks, um die Wallungen auszuloten. Kommen Sie aber bloß nicht auf die Idee, alles gleichzeitig auszuprobieren – so war es nicht gedacht.

Die Grundregel lautet: Heißmachen – hinhalten – hingeben!

Lassen Sie sich also Zeit, den Körper Ihrer Geliebten genußvoll zu erforschen. Sie werden es kaum übersehen bzw. überhören können, wo Sie richtig liegen ...

Erogene Zonen:

Logischerweise zählen die Genitalien zu den meiststimulierten erogenen Zonen – und es wäre wohl gelogen, zu behaupten, Frauen hätten was dagegen, daß Sie dort Hand anlegen. Doch gibt es da noch die ein oder andere zusätzliche Möglichkeit, mit der Sie sich zum außergewöhnlich erfahrenen und einfühlsamen Liebhaber qualifizieren:
Die *Brüste* sind die im Wortsinne herausragendsten erogenen Zonen eines Frauenkörpers. Dabei erscheint es mir angebracht, zu erwähnen, daß der Busen äußerst empfindlich ist und gerade zu Anfang eines romantischen Liebesspiels meist nur ganz sanfte Berührungen schätzt. (Was Sie damit später anstellen, liegt ganz in Ihren Händen ...) Die Brustknospen (»Brustwarzen« klingt unmöglich, finde ich) zu touchieren und sie gebührend zu liebkosen hat schon manche Frau in den siebten Himmel befördert. Obendrein zeigen sie gleichzeitig als natürliches, übrigens unkontrollierbares Stimmungsbarometer den momentanen »Stand« der Lust an. Ach, und tun Sie uns einen großen Gefallen: Bevor Sie sich an die Brustknospen begeben, bedenken Sie erst mal die ganze Brust. *Sanftes* Streicheln und Kneten stimuliert die Empfindsamkeit eines Busens und macht Lust auf mehr.

Augen und Ohren nehmen erotische Eindrücke auf. Frauen reagieren sofort auf alles, was sie sehen und hören. Dies geschieht oft ganz unbewußt, und darum ist es auch so wichtig, das Umfeld sinnlich herzurichten. Vergessen Sie nie, daß optische Reize auch unverzüglich ans Sexualzentrum des Gehirns weitergeleitet werden und dort bei Wohlgefallen für den beabsichtigten Aufruhr sorgen können. Auch auf eine sanfte Stimme und auf Komplimente, die ganz leise direkt ins Ohr gesäuselt werden, reagieren Girls augenblicklich. Zusätzlich sind Ohrläppchen prädestinierte Körperteile fürs Knabbern und Küssen.

Hals und Nacken sind klassische »turn on spots«. Hier wird am schnellsten die berühmte Gänsehaut ausgelöst. Diese Zonen eignen sich besonders zum »Heißmachen«. Zärtliche Berührungen, gepaart mit spürbarem Verlangen, weiche Lippen gemischt mit heißem Atem – wer kann dazu schon nein sagen?

Die *Hände und Füße* Ihrer Süßen zu streicheln und sanft zu massieren schafft Vertrauen und Verbundenheit. Darum ist es wichtig, sich genügend Zeit zu nehmen, um der Partnerin das Gefühl zu geben, daß Sie sich wirklich für sie interessieren und nicht nur auf eine schnelle Nummer aus sind.

Die *Innenseiten der Arme und Beine* haben's in sich. An Armbeugen, Oberschenkeln und Kniekehlen ist die Haut besonders weich und empfindlich. Das macht diese Gegenden zu idealen Verführungslandschaften, auf denen Sie wunderbare Ausflüge ins Land der Empfindungen unternehmen können.

Der *Bauchnabel* ist eine ganz intime Stelle. Seit der Geburt hat sich selten überhaupt jemand dafür interessiert. Nutzen Sie den Geheimtip, berühren Sie den Nabel Ihrer Göttin mit der Zunge, stimulieren Sie die Nerven, die dort zusammenlaufen.

Der *Po-Ansatz* ist ein oft vernachlässigter, sehr sinnlicher Punkt am Körper Ihrer Geliebten. Streicheln, massieren und küssen Sie diese Stelle, und Sie werden bemerken, wie schnell sich das Verlangen nach mehr einstellt.

Die *Zunge* ist ein wirklich unglaubliches Instrument. Neben der »alltäglichen« Funktion als Geschmackstester hat dieses sensationelle Organ noch viel mehr drauf. Auf der Zunge sind auch zahlreiche Tastkörperchen, die sinnliche Reize über Nerven sofort und unzensiert ins Sexualzentrum des Gehirns weiterleiten. Darum wecken vor allem sanft-sinnliche Zungenküsse die Lust auf mehr.

»Succsex« und andere Liebesgeheimnisse

Soso, Sie sind nun wirklich nicht der Typ Mann, der sich in Ratgebern über neue Sexpraktiken informiert? Sie haben zwar schon mal von fernöstlichen Lehren gehört, halten aber die Mär von den 69 Stellungen des *Kamasutra* für kompletten Humbug oder für unrealistisch und viel zu anstrengend? Obendrein verspüren Sie auch kein sonderliches Prickeln dabei, mit beharrlichem Training der Manneskraft dann vielleicht die Goldmedaille im Latinlover-Contest zu gewinnen?
Haben Sie ja auch gar nicht nötig, läuft doch alles wie geschmiert, nicht wahr? Wie klingt's noch immer in meinen Ohren: »Also, bei mir hat sich noch keine beschwert.« Oh my lord, auf solche Typen haben wir ganz sicher unser Leben lang gewartet!
Bitte, liebe Mannsbilder, seid nicht gleich eingeschnappt, aber für uns Mädels ist es halt nicht die Erfüllung, ewiglich Eure unglaubliche Manneskraft zu preisen oder gar Euch damit prahlen zu hören. Grundsätzlich halten wir auch nichts von Typen, die Rudi-Rammler-Qualitäten aufweisen und uns bis zur mittleren Ohnmacht fertig machen (zumindest nicht dauernd ...). Vielmehr verehren wir einfühlsame Männer, die bemerken, wann die Zeit der Zärtlichkeit angebrochen ist und wann's ein bißchen mehr sein darf.
Nicht höher, weiter, schneller ist die Devise, sondern öfter, länger und besser!!!
Auf gut deutsch: Wir verzehren uns nach *Zeit*, *Aufmerksamkeit* und *Phantasie*.

Zu Beginn unserer kleinen Sexkursion möchte ich mich auf die aufregendste Erkenntnis über den männlichen Körper konzentrieren. ***Orgasmus und Samenerguß sind nicht dasselbe!*** Sie können auch Orgasmen haben, *ohne* zu kommen. Spannend, nicht wahr?
Im Taoismus wird äußerst beeindruckend gelehrt, daß die Ejakulation einem Mann wortwörtlich den Saft abzieht. Damit ist gemeint, daß die meisten Männer nach dem Samenerguß energiemäßig erst mal komplett runtergefahren sind. Hartnäckige und geübte Exemplare schaffen es vielleicht, sich mehr oder weniger kurzfristig wieder in Position zu bringen. Aber eigentlich steht (?) Euch Kerls der Sinn vorrangig danach, Euch erst mal zu

regenerieren. Ergo wäre es doch super, wenn Ihr bis ganz zum Schluß Genuß ohne Fluß hättet, oder?
Es gibt nur einen einzigen Trick: Jungs, Ihr müßt halt lernen, Eure Fluids zu kontrollieren. »Die hat gut reden«, werden Sie denken, »erst mal können vor Lachen.« Aber Sie können es tatsächlich sehr schnell lernen, Ihren Samenerguß zu beherrschen und erst dann zu kommen, wenn Sie es für passend halten.
Für die unter Ihnen, die es interessiert, hier ein paar »technische« Infos:
Der Orgasmus ist eine der intensivsten und erfüllendsten menschlichen Erfahrungen. Allerdings entstehen Orgasmen nicht immer auf dieselbe Art und Weise. Sie unterscheiden sich von Person zu Person und werden sogar von ein und derselben Person nicht immer gleich erlebt. Ein Orgasmus beschränkt sich (glücklicherweise) nicht nur auf die Geschlechtsteile, sondern erfüllt den ganzen Körper.
Anders als der Orgasmus, der einen emotionalen und körperlichen Höhepunkt darstellt, ist die Ejakulation lediglich ein Reflex (Sexualforscher nennen das auch »Spasmus«, also »Krampf« – sehr erotisch, nicht wahr?). Dieser wird im unteren Bereich der Wirbelsäule ausgelöst und führt zum Erguß des Samens.
In unseren Breitengraden geht man davon aus, daß der Samenerguß unvermeidlich den Höhepunkt der männlichen Erregung und somit das Ende des Liebesaktes darstellt. Fine!
Tatsache ist: Samenerguß kostet Substanz, Samenproduktion kostet Energie. Und diese zu behalten ist Sinn und Zweck des Spiels.
Vielleicht hört sich das folgende für Sie ein wenig merkwürdig an, aber nachdem Sie die Erfahrung gemacht haben, werden Sie haargenau wissen, was ich meine.
Charakteristisch für einen Orgasmus ohne Erguß ist, daß das berauschende Gefühl Ihres Orgasmus Ihnen zwar die Birne wegknallt, Sie aber Ihre Erektion nicht verlieren.
Höchstwahrscheinlich haben Sie das auch schon erlebt, nur konnten Sie es nicht deuten. Wenn Sie Lust dazu haben, können Sie mit den Übungen im nächsten Kapitel lernen, den Ejakulationsreflex zu verhindern und dennoch das Hochgefühl des Orgasmus zu erreichen.

Bitte, bitte tun Sie mir aber nun den Gefallen, nicht zwanghaft Rekordergebnisse erzielen zu wollen. Es geht hier nicht um Zahlen, sondern um Befriedigung und Vervollkommnung. Sie können mit einem, mit drei oder mit sechzehn Orgasmen die Erfüllung erlangen. Worüber wir uns hier unterhalten, ist einzig und allein, daß Sie sich Ihrer Sexualität bewußter werden und Sie Ihre Fähigkeit zum intimen Austausch mit Ihrer Partnerin erhöhen, okay?
Und nicht vergessen, Gentlemen, ich spreche von Liebe, nicht von Championship!
Ich finde goldrichtig, was im Tao steht:
»Wenn Ihr aufeinander abgestimmt seid, bekommst du, indem du gibst!«

Wie Männer dazu kommen, nicht zu schnell zu kommen

»Wham, bam, thank you, ma'am« hat Joan Armatrading mal so treffend in einem ihrer Songs formuliert und spricht damit sicher vielen Frauen aus der Seele.
Häufig bewegen sich Männer mit der Geschwindigkeit eines Rennwagens von der Erektion zur Ejakulation. Aber vielleicht sollten Sie mal das Tempo drosseln und die Aussicht am Straßenrand genießen.

Es gibt vier Stadien Ihrer Erregung, im Tao bezeichnet als
1. die Festigkeit,
2. das Anschwellen,
3. die Härte und
4. die Hitze.

Der Trick ist, *das dritte Stadium*, die Härte, möglichst lange aufrechtzuerhalten. Wenn es Ihnen gelingt, die sexuelle Energie aus den Genitalien zu ziehen, können Sie verhindern, daß Ihr Penis in die letzte Phase eintritt. Hier kommen die wichtigsten Antispritz- und Kontrolletti-Regeln für Profis:

Die *Atmung* ist ein ganz natürliches Mittel, Kontrolle über den eigenen Körper zu erlangen. Übrigens nicht nur während des Liebesakts.
Sie kennen das ja selbst: Wenn Sie schnell und flach atmen, steigt Ihr Puls, wenn Sie langsam und tief atmen, sinkt Ihr Puls. Da zum Orgasmus eine erhöhte Herzfrequenz gehört und diese durch eine beschleunigte Atmung unterstützt wird, können Sie diese Erkenntnis hervorragend dazu nutzen, Ihre Erregungskurve zu beeinflussen.
Und so funktioniert's: Atmen Sie, wenn's ernst werden sollte, ganz tief durch die Nase in Ihren Bauch ein, so daß sich die Bauchdecke nach vorne wölbt. Beim langsamen Ausatmen ziehen Sie die Bauchdecke wieder ein, als würde Ihr Nabel in Richtung Rückgrat marschieren. Ich empfehle Ihnen, diese Zwerchfellatmung vorher alleine zu üben, denn wer weiß schon, ob Sie sich im Eifer des Gefechts auf solche Dinge überhaupt konzentrieren können. Jedoch hilft Ihnen diese Konzentration zumindest, sich kurz-

fristig von Ihrer schwer kontrollierbaren Schießerei abzulenken, um die Sache dann erneut ein klein wenig entspannter, aber »mit aller Härte« anzugehen.

Die nachfolgende Übung wird Männern, die schon mal Erfahrung mit Meditation, Yoga oder fernöstlichen Kampfsportarten gemacht haben, sicherlich leichter fallen. Es lohnt sich aber gerade auch für Ungeübte, diese sehr beeindruckende Technik zu erlernen.

Es geht um den sogenannten ***PC-Muskel,*** welchen Sie kontrahieren, also fest anspannen sollen. Am besten können Sie das beim Toilettengang trainieren. Probieren Sie mal, das Harnlassen so oft wie möglich zu unterbrechen und wieder aufzunehmen. Wenn Sie das Ganze mehrmals hintereinander hinkriegen, haben Sie das beste Training. Keine Angst, dies ist nicht gesundheitsschädlich – ganz im Gegenteil.

Und erzählen Sie mir jetzt bloß nicht, Sie hätten keine Zeit, dies zu üben. Soweit mir bekannt ist, haben Sie mehrmals täglich die Gelegenheit dazu. Durch das regelmäßige Wiederholen sind Sie eher imstande, diese hilfreiche Praxis gelassen einzusetzen, wenn Sie es für angebracht halten, ohne sich zu sehr von Ihrer Partnerin abzuwenden.

Der *PC-Muskel* ist genau der Punkt, den Sie in der heißen Phase anspannen sollten, um die Ejakulation zu verhindern. Gleichzeitig können Sie versuchen, Ihre sexuelle Energie über Ihre Wirbelsäule nach oben in den Kopf zu ziehen. Stellen Sie sich vor, daß der Energiestrom von Ihren Genitalien über den Damm langsam den Rücken hinauf und bis zum Scheitel Ihres Kopfes fließt. Mit der Zeit werden Sie ein Kribbeln und Prickeln verspüren, und mit Geduld und Spucke können Sie von diesem Trick wirklich profitieren. Wenn Sie es als Fortgeschrittener dann noch hinkriegen, Ihre Energie aus dem Kopf über Ihre Vorderseite, d. h. über das Gesicht, die Zunge und den Brustkorb, in den Nabel zu leiten und dort ruhen zu lassen, sind Sie schon echt »Tao-fit«. Das klingt vielleicht alles ein bißchen kompliziert, aber es ist einfacher, als Sie denken. Und Spaß macht's obendrein. Beständiges Üben ist übrigens wichtiger als Intensität.

Die richtige Einstellung ist, spielerisch und genießerisch an die Sache ranzugehen. Probieren Sie's doch einfach mal aus. Nicht nur Ihre Partnerin wird um viele lustvolle Stunden bereichert werden, sondern auch Sie selbst werden ein weitaus größeres und vor allem andauerndes Empfinden genießen können.

Mein Rat: Eventuell ist es von Fall zu Fall angebracht, Ihrer Geliebten zu erklären, wenn Sie wahnsinnig erregt sind, sich aber Ihre Energie gerne aufsparen wollen. Frauen werden das nur zu gerne respektieren und finden es obendrein sehr aufregend, von diesen Praktiken zu hören. Außerdem hat Ihr Darling so die Möglichkeit, Sie zu unterstützen, und das kann für Sie beide verdammt spannend werden.

Es gibt natürlich noch viele weitere, äußerst effektvolle Übungen. Einige Tricks werden Sie sicherlich schon selbst kennen. In dem phantastischen Buch *Länger, Öfter, Besser* von Chia/Arava werden Ihnen aber auch umwerfende, neue Dinge begegnen. Alles was zum Thema Tao wichtig ist, über den »kleinen Tod« und den »großen Zug«, wie Yin und Yang funktionieren und vor allem, wie Sie Ihr volles sexuelles Potential ausschöpfen, ist dort verständlich und detailliert erklärt. Wenn Sie Lust haben, sich weiterzubilden und Ihre Liebesfähigkeit entscheidend zu verbessern, sei Ihnen dieses Werk wärmstens empfohlen.

Dresscode

Schon die alten Römer hatten's voll drauf: Der Liebeslehrer Ovid beschrieb in seiner *Ars Amatoria*, wie man eine Frau erobert:

»Sauber, damit er gefällt, und gebräunt sei vom Marsfeld der Körper;
fleckenlos sei sie, und gut sitze die Toga an dir.
[...]
Von der geübten Hand laß Haare dir schneiden und Bart.
Nicht zu lang laß die Nägel dir wachsen, laß frei sie von Schmutz sein ...«
(Erstes Buch, 513-519)

Diese Regel gilt bis heute, denn der »Ideale Mann 2000« duftet gut, hat gepflegte Hände, Füße und Haare und ist modisch gekleidet. Eine gleichnamige Studie ergab zwar, daß 42 % aller Frauen von einem trainierten Körper mit Waschbrettbauch und Knackarsch angetörnt sind, jedoch finden immerhin 37 % auch ein kleines Bäuchlein sexy. Sie sehen, Sie dürfen sich entspannen, denn ein Bodybuilder-Körper ist gar nicht mehr so in! Gefragt ist TYP – und der ist nun mal Geschmackssache.
Mega-out sind allerdings Ignoranten, die sich über die Kleidung an einem Verwöhnabend überhaupt keinen Kopf machen. Schließlich inszeniert man solch einen Auftritt nicht alle Tage!

Das richtige Weichkochoutfit ist davon abhängig, wie Sie die Einladung ankündigen.
In jedem Fall ist es wichtig, der Dame Ihres Verlangens den Dresscode für Ihr Dinner for Two anzugeben.
Ich habe bis heute nicht kapiert, warum man als Frau von einem Mann nie eine konkrete Beschreibung erhält, wenn es darum geht, die Kleidung für eine bevorstehende Einladung zu bestimmen.
»Ach, Schatz, du siehst doch in allem toll aus«, hilft mir leider bei der Kleiderauswahl kein bißchen. Und »Keine Sorge, das sind ganz unkomplizierte Leute, zieh einfach was Bequemes an« führte einmal dazu, daß ich mich im äußerst bequemen Freizeitlook zwischen hochgestylten Leuten reichlich unbequem fühlte.
Also, liebe Herren, klar und deutlich rauslassen, wie Sie's gerne hätten: sehr elegant, ein wenig elegant, kleines Schwarzes, Kostüm, Sommerkleid, busineßmäßig, im Anzug, Minirock, Freizeitlook, Jeans und T-Shirt, Jogginghose, hochgeschlossen, dekolletiert, figurbetont, Negligé, Strapse oder

was immer Sie mögen, aber bitte konkret. Die Farbe ist nicht wichtig, aber der Style. Frauen sind einfach verdammt schnell over- oder underdressed. Mann hat es da wesentlich einfacher.

Bedenken Sie bitte, daß Sie selbst heute in der Rolle des Kochs sind, d. h., Dinnerjackett und Fliege wären vielleicht nicht ganz passend, es sei denn, Sie haben vor, nach und nach einen Striptease aufs Parkett zu legen, oder Ihr Name ist Bond. James Bond.

Ob Sie eine Krawatte tragen, ist davon abhängig, wie elegant Ihre Einladung sein soll.

Wenn Sie Ihre Angebetete im kleinen Schwarzen eingeladen haben, sollten Sie vielleicht vorsorglich einen Krawattenhalter bereithalten, damit Ihr Binder nicht mit dem Kochlöffel um die Wette rührt. Ob Sie sich eher leger und ein wenig privater zeigen wollen oder eine klassisch/elegante Mischung bevorzugen, kommt ganz auf Ihr Opfer an.

Jedenfalls ist es nicht fair, wenn sie sich aufbrezelt, um nur ja umwerfend auszusehen, und Sie öffnen die Tür in Jogginghosen oder Boxershorts (... weil die Sie beim Kochen nicht behindern und so schön bequem sind ...). Das törnt ab!

Und keine Sorge: Wenn Sie der klassische Anzugtyp sind, dann hat selbst Herr Knigge bestimmt nichts dagegen, wenn Sie sich beim Kochen Ihrer Anzugjacke entledigen.

Ich halte grundsätzlich eine schicke schwarze Hose, ob Stoff- oder Lederhose oder schwarze Jeans, mit einem weißen Hemd für absolut kochsalonfähig.

Nur wenn Sie normalerweise karierte Holzfällerhemden und Bluejeans tragen und freiwillig in keine schicken Klamotten zu kriegen sind, brauchen Sie sich für diesen Abend auch nicht zu kostümieren. Schließlich sollen Sie sich nicht verkleidet fühlen. Andererseits, vielleicht findet sich doch noch ein schlichtes Shirt, das, frisch gebügelt, zu ganz neuen Ehren gelangt.

Folgende Beauty-Klippen sollten Sie aber auf jeden Fall umschiffen: weiße Tennissocken (womöglich noch in Sandalen und zur schwarzen Hose), labberige Unterhosen (gestopft und geflickt), Überdosis Schweiß oder Rasierwasser, speckige Kragen oder blindmachende Farbkombinationen!

Gabriellas Psychonews

Wenn ich mit Freunden über die zwischenmenschlichen Erfahrungen philosophiere, fallen mir immer wieder ein paar »Klassiker« auf, die die Mißverständnisse zwischen Männern und Frauen am Kochen halten:

Aber du weißt doch, daß ich dich liebe ...

Wissen heißt aber nicht, daß wir Frauen das nicht gerne ab und zu verbal bestätigt bekommen. Es kann doch nicht wirklich so schwer sein, Ihrer Herzensdame von Zeit zu Zeit Ihre Zuneigung zu versichern. Obwohl Taten gemeinhin mehr sagen als Worte, gibt es nichts Anregenderes, als wenn Ihre Geliebte die drei kleinen Worte phantasievoll verpackt vernehmen darf. »Sonst hätte ich dich nicht geheiratet« tröstet uns nur mäßig über unser Gefühlsdefizit. Dabei ist es so einfach, sich Platzvorteile zu verschaffen. Ihre ehrlichen Empfindungen sind die stärkste Waffe, die Sie strategisch positionieren können. Mangelnde Aufmerksamkeit macht übrigens anfällig für allgegenwärtig lauernde Fremdtäter. Glauben Sie mir, die regelmäßige Bestärkung Ihrer Verbundenheit ist der beste Schutz dagegen. Also, geben Sie sich einen Schubs, öffnen Sie Ihr Herz, und vergessen Sie nicht, verbal über den Inhalt Auskunft zu geben.

Je besser ein Mann aussieht, desto geringer sind seine Verführungsqualitäten entwickelt ...

Es ist erwiesen. Männer, die so umwerfend aussehen, daß sie jede Frau glatt vom Hocker reißen, mußten sich in Sachen Phantasie im Bett nie große Mühe geben. Weil die meisten Ladies schon allein vom Anblick befriedigt waren. Ich will's ja nicht bestreiten, nur ... auf Zeit wird vom schönsten Teller allein niemand satt. Und Männer mit nicht ganz so offensichtlichen Vorzügen erweisen sich letztlich oft als Joker. Also machen Sie sich bloß keinen Kopf, wenn sich Ihr Antlitz geringfügig von dem George Clooneys oder Brad Pitts unterscheidet. Wer weiß schon so genau, wie berühmt die beiden »back stage« sind ...

Ich küsse Ihre Hand, Madame ...

»Superman sucht Supergirl« meinen viele – und haben Angst, Ihrer Traumfrau nicht zu genügen. Ich kann Sie beruhigen. Sie können sich nicht mal entfernt vorstellen, wie wenig Männer sich trauen, eine gut aussehende Frau anzusprechen. Die meisten haben Angst, sich einen Korb zu holen. Es lohnt sich daher immer, wenigstens einen Versuch zu starten, um rauszufinden, ob hinter der schönen Fassade noch mehr verborgen ist. Wie schon erwähnt, sind Göttinnen zuweilen unglaublich dankbar für witzige und unkomplizierte Gespräche. Humor ist hier bei weitem die tauglichste Waffe. Gepaart mit Charme läßt sich auch das hartnäckigste Eis schmelzen. Hundertpro! Die Anerkennung Ihrer Artgenossen sei Ihnen gegönnt, wenn Sie es schaffen, eine solche Göttin für sich zu interessieren.

Nicht Quantität, sondern Qualität ...

Es ist nicht totzukriegen, das alte Märchen, daß Frauen die Liebesfähigkeit eines Mannes an der Größe seines Penis festmachen. Ich würde lügen, wenn ich behaupten würde, daß es vollkommen piepegal ist, wie gut ein Mann gebaut ist. (Ist es nicht!!!) Jedoch ist es für uns Frauen millionenmal wichtiger, was Mann mit seinem kleinen Freund und vor allem mit seinen restlichen Körperteilen anzufangen weiß. Im Klartext: In Wahrheit ist die Größe Ihres Penis bei weitem nicht so bedeutsam wie die Festigkeit der Erektion und der Gebrauch, den Sie davon machen. Wer von Mutter Natur nicht so üppig bestückt wurde, hat immer noch die Möglichkeit, durch die Details zu glänzen. Glauben Sie mir, Potenz ist nicht nur das, was zwischen Ihren Beinen hängt, sondern auch das, was zwischen Ihren Ohren sitzt.

Ich schau dir in die Augen, Kleines ...

Es ist für uns Frauen immer wieder verblüffend, wie schwer es den meisten Männern fällt, über Emotionen zu sprechen. Sie scheinen es einfach nicht auf die zu Reihe kriegen, Gefühlsdinge in Worte zu fassen. Ganz zu schweigen von großen Liebeserklärungen, können sie nicht mal ihre eigenen Gefühlszustände kundtun. Bevor Ihre Partnerin beim nächsten Mal wieder kurz vorm Verzweifeln steht, weil Sie – anstatt die Zähne auseinanderzukriegen – nur hoffen, daß Blicke mehr sagen als Worte, hier die allzu logische Erklärung dieses Phänomens:
Sprach- und Gefühlszentrum im männlichen Gehirn sind im Gegensatz zum weiblichen Pendant nicht miteinander verbunden. Das heißt soviel wie: Wenn ein Mann intensiv fühlt, schaltet sich das Sprachzentrum aus. Wenn er spricht, ist das Gefühlszentrum nicht in Betrieb. So ist es ihm meist nicht möglich, gleichzeitig zu fühlen und darüber auch noch zu sprechen.

Sollten Sie also auch eher zum Kaliber maulfauler Lover à la »Reden ist Silber ...« gehören, erklären Sie's ihr doch einfach. Dann ist zumindest das Verständnis größer, und Ihre Partnerin wird hoffentlich nichts Unmögliches mehr von Ihnen verlangen.

Tischlein deck dich ...

Natürlich – Ihr Essen muß nicht unbedingt innerhalb des Hauses stattfinden. Ein Picknick in freier Natur bei leisem Vogelgezwitscher – allein die Idee macht Punkte. Aber wenn Sie ein klassischer Gentleman sind, werden Sie Ihr Verwöhndinner wohl doch in Ihrer Wohnung oder bei Ihrem Schatz daheim kredenzen.

Gerade Ladies sind für schön gedeckte Tische empfänglich. Warum also sollten Sie, als Gastgeber, diese einfach zu realisierende Chance verschenken? Verbuchen Sie doch gleich ein paar Pluspunkte mehr auf Ihrem Konto, indem Sie sich ausnahmsweise auch mal um die Details kümmern. Das Auge ißt ja bekanntlich mit.

Die Tischdekoration ist eine von vielen Kleinigkeiten, die den Appetit auf mehr ins Unermeßliche steigern können. Sie können sich kaum vorstellen, wie sehr Frauen auf Männer abfahren, die das »kleine Einmaleins des Genießens« beherrschen.

Findet Ihr Verwöhndinner in der gemeinsamen Wohnung statt, werden wahrscheinlich alle notwendigen Gerätschaften, Geschirre und Gläser vorhanden sein. Auch der leidenschaftliche Hobbykoch mit gutsortiertem Singlehaushalt kann dieses Kapitel getrost überspringen.

Waren Sie aber bisher eher eine Küchenschabe mit der Einstellung »schnell muß es gehen, und satt muß es machen«, dann habe ich hier einige hilfreiche Tips für Sie.

Das Geschirr

Das Blümchengeschirr von Tante Erna ist an diesem Abend genauso unpassend wie Pappteller oder die übriggebliebenen Einzelstücke aus Großmutters Küchenschrank. Sollten Sie nicht glücklicher Besitzer eines kompletten, schlicht-weißen Geschirrs sein, dann brauchen Sie aber nicht gleich in Panik auszubrechen.

1. Kaufen Sie einfach eine Miniausgabe für zwei:

Mittlerweile gibt es für ein paar Mark eine sensationelle Auswahl – und keine erwartet von Ihnen Chinaporzellan mit Goldrand. Bei Ikea oder Leonardo zum Beispiel gibt es unglaublich günstige, superschöne Geschirre,

schlichte, große Teller, auf denen die Speisen außerordentlich dekorativ angerichtet werden können.
Sie benötigen für Ihr Verwöhndinner:
Drei bis vier Teller pro Person. Damit erwecken Sie den Eindruck, daß Sie richtig professionell ausgestattet sind. Denn während des Dinners sollten Sie spülen vielleicht besser unterlassen – selbst wenn Ihr Spülmittel Ihnen streichelzarte Hände verspricht.
Also jeweils zwei riesengroße Platzteller (auf denen man übrigens sehr dekorativ Nachspeisen servieren kann), zwei Exemplare der nächstkleineren Version für die Hauptspeise, eventuell zwei noch kleinere Ausgaben fürs Zwischengericht.
Falls Sie möchten, legen Sie sich vielleicht noch zwei nicht zu tiefe Suppenteller zu, die sind auch für Salate gut geeignet.

2. Mieten oder leihen Sie sich ein »Set for Two«:

Ausnahmsweise darf Ihr Kumpel oder Ihre gute alte Freundin (wenn auch vielleicht nicht ausgerechnet die jüngst Verflossene) wieder mal herhalten. Das wird doch mal drin sein, oder???
Andernfalls gibt es in jeder Stadt Verleihfirmen für Geschirr und Partyausstattung. Fragen Sie doch mal ganz freundlich nach, ob Sie eine One+One-Ausrüstung leihen können. Sollte die Dame am Telefon ablehnen wollen, beziehen Sie sie mit ein. Verraten Sie ihr vertrauensvoll Ihr Vorhaben, erzählen Sie atemlos, daß Sie Ihre Geliebte mit einem Traumabend überraschen möchten. Ach was möchten, sie müssen (!!!), weil ... Lassen Sie sich zur Not etwas ganz Dramatisches einfallen. Da möchte doch niemand der Liebe im Wege stehen. Wer kann dazu schon nein sagen? Funktioniert immer, übrigens in allen Lebenslagen.

Die Gläser

Elegante Gläser sind ein unbedingtes Muß für Ihre sinnlich-erotische Dinnereinladung. Wenn Sie den Tisch mit je zwei bis drei Gläsern eindecken, erzielen Sie eine wunderbare Wirkung, ohne viel Aufwand. Kerzen spiegeln sich in blankgeputzten (!) Gläsern unglaublich schön wider.
Rank und schlank, anmutig wie eine Gazelle und mit sexy langem Stiel sollten sie sein. Lassen Sie auch hier bitte Omas plumpe Kristallheimer im Schrank. Auch die Winzergläser vom letzten Dorfweinfest, Sie wissen schon, die mit dem robusten, grünen Stengel, sind strengstens untersagt.
Nebenbei erwähnt sind Gläser wunderbar anregende Utensilien. So manche Frau kann man zum Wahnsinn treiben, wenn man auffällig unauffällig sein Glas ganz sanft und zärtlich mit den Fingerspitzen liebkost. Ich könnte dann glatt in die Tischkante beißen vor Lust ...
Verzeihung, welche Gläser Sie genau brauchen, möchten Sie wissen?

Gut, liebe Verwöhnprofis, hier ist der Minimaleinsatz für maximales Vergnügen: Sinnvoll sind auf jeden Fall *hohe Champagnergläser* (keine Schalen, die sind ebenfalls tantenmäßig und obendrein verfliegt das Bouquet in Null Komma nix).
Weiß- und/oder Rotweingläser und eventuell noch ein schlichtes hohes *Wasserglas*, welches notfalls auch für Cocktails geeignet ist.
Wichtig für die kleinen Tolpatschis unter Ihnen: Beim Einschenken bitte, bitte niemals das Glas bis oben hin füllen. Weniger ist hier wirklich mehr. Ein schönes großes Glas nur leicht gefüllt, läßt das Getränk viel wertvoller erscheinen, erhöht die Spannung und macht – wie alles, was rar ist – Lust auf mehr ...

Die Tischdeko

Am Anfang war ... eine gebügelte und fleckenfreie (!!) weiße Tischdecke. Wenn Sie dies partout nicht selbst hinkriegen sollten, bringen Sie sie lieber in die Reinigung oder kaufen Sie eine neue. By the way, funkelnagelneue Tischdecken wollen vor der Erstbenutzung auch gewaschen und gebügelt werden!
Übrigens: Wenn Sie es nicht vermeiden können, Mamis Hilfe zu beanspruchen, rate ich Ihnen dringend, bei Ihrer Süßen kein Wort darüber zu verlieren: Ihre Eroberung darf niemals erfahren, daß die Frau Mama Ihre Bude gereinigt und die Tischdecke gebügelt hat, denn dann prophezeihe ich Ihnen, daß Sie gleich unten durch sind! Wir Girls haben alle panische Angst vor Ödipussis ...

Sag's durch die Blume ...

Sie können eher aus Plastikbechern trinken und von Papptellern essen als die Blumen für Ihr heißes Dinner einzusparen. Das ist so ziemlich das einzige, was Sie wirklich falsch machen können. Der Himmel soll Sie bitterböse bestrafen, wenn Sie daran nicht denken.
Allein das Ausmaß bleibt Ihnen und Ihrer Großzügigkeit überlassen. Es darf zwar gerne, muß aber nicht immer das Grand-Prix-Sieger-Bouquet sein. Auch mit wenigen Blumen zeigen Sie Ihre Wertschätzung. Kombiniert mit dem richtigen Kompliment macht auch eine einzelne Rose was her.
Neben einem Rosenstrauß (wehe, Sie lassen ihn mit dem ätzenden Schleierkraut verhunzen!) macht es sich auch traumhaft, wenn Sie nur die Rosenköpfe verschwenderisch auf dem Tisch verteilen, darüber einzelne Rosenblätter verstreuen und alles mit kleinen Kerzen dekorieren. Aufgepaßt: Die Rosen erst kurz vorm Eintreffen der Angebeteten »köpfen«, dann halten sie den Abend länger durch. Und wenn Sie schon mal für später am Abend üben wollen: Falten Sie die Knospen mit zarten Fingern ein wenig

auseinander, um sie zu öffnen. Notfalls können Sie sie auch in einer Glasschale mit Wasser schwimmen lassen, dann halten sich die Blüten länger.
Welche Farbe??? Grundsätzlich gilt: Je tiefer die Liebe, desto länger und dunkelroter die Rosen. Sind sind noch ganz am Anfang Ihres Flirts? Dann keine tiefroten, langstieligen Baccara-Rosen – es sei denn, Sie planen einen Sturmangriff und haben sich vorgenommen, in einer Woche beim Standesamt zu sein. Erzählen Sie doch der Blumenverkäuferin Ihres Vertrauens, welcher Typ Frau heute abend Ihr Gast ist. Sie kennt sich bestens aus und wird Sie mit Freuden gerne beraten.
Merke: Hüten Sie sich vor schreibunten Sträußen, in denen eigentlich alles drin ist, und vor dem fatalen Rat: »Damit können Sie nichts verkehrt machen«! Trugschluß, Ihr Männer, »nicht Fisch noch Fleisch« können wir Frauen nicht leiden. Damit locken Sie sicher keine Katze hinterm Ofen vor.

Candlelight ...

macht zweifelsfrei jede Frau schöner (Männer übrigens auch), denn es zaubert zartschimmerndes Beautylicht mit eingebautem Weichzeichner aufs Antlitz und gibt strahlenden Augen das ausschlaggebende Funkeln.
Viel wichtiger aber ist: Kerzenlicht versprüht eine unwiderstehliche Magie, der sich keine (!!!) Frau entziehen kann und auch gar nicht will, denn alle Weibsen erliegen nur zu gerne der Versuchung. Komisch, Ihr Mannsbilder wißt um diesen Effekt, benutzt ihn aber viel zu sparsam. Nicht kleckern, sondern klotzen, Jungs!
Kerzen sind *die* ultimativen Enthemmer-, Angräber- und Verführungsutensilien, speziell wenn sie gleich dutzendweise aufgefahren werden. Sie gehören in jedes Zimmer (übrigens meiner Ansicht nach genauso in jedes Handschuhfach des Autos, man kann ja nie wissen ...). Ich schwöre Ihnen, selbst wenn wir wollten, wir Girls können uns dagegen einfach nicht wehren. Also, Ihr Schlangenbeschwörer, schafft die passende Atmosphäre, und wir fallen Euch direkt ins Körbchen.
By the way, unkomplizierte Teelichter in schönen Windlichtgläsern machen herrliches Licht und sind dazu auch noch ungefährlich. Man kann sie ungestört überall abflackern lassen, falls die Aufmerksamkeit mal woanders liegt ...

Darf's noch etwas mehr sein?

Sie würden gerne mal was anderes außer Blumen, Kerzen und Ihrem Menü auf den Tisch bringen? Dann zählen wohl Sie zu den ganz besonders kreativen Prachtkerlen, die sich richtig was einfallen lassen wollen, um Ihren Tisch zum Kunstwerk zu vervollkommnen.
Wie wär's denn mal mit Materialien, die zu Ihrem Essen passen? Die Natur

hält eine Topdesign-Serie für Sie bereit. Beispielsweise Kräuter: Basilikumtöpfchen gemixt mit Rosmarin oder Salbeisträußchen fürs Italienische Menü, Bambus und Gräser beim Japanmenü, Linsen und Gewürze zur Indischen Nacht sowie Sand und Minipalmen für das richtige California-Feeling.

Drapieren Sie alle Zutaten wie zufällig auf einer Seite des Tisches, verstreuen Sie dazwischen farblich passende Glasperlen, Steinchen oder Blätter aus dem Dekoladen und füllen Sie natürlich mit massenweise Kerzen auf.

Oder stehen Sie mehr auf die lustige Variante? Fotos, Nippes und Souvenirs aus dem letzten Urlaub, lässig arrangiert, lassen Sie bald in Erinnerungen schwelgen; Landkarten des Herkunftslandes Ihres Menüs werden als witzige, alternative Tischdecke benutzt; Ton-in-Ton abgestimmte, edle Stoffe, die mit vielen Knoten üppig drapiert und mit exotischen Früchten ergänzt werden, inspirieren die Sinne und regen die Phantasie unweigerlich an. Denn wer mit seiner Schöpferkraft so raffiniert spielt, läßt keinerlei Fragen über seine Feinfühligkeit im Liebesspiel offen ... Natürlich darf auch hier der berühmte Kick mit dem Kerzenschein nicht fehlen.

Spieltrieb

Sie sind wild entschlossen, Ihrer Königin der Nacht einen gänzlich außergewöhnlichen Abend zu bereiten? Ein erotisches Dinner mit toll gedecktem Tisch ist nichts Neues für Sie, weil das schon zu Ihrem Standardprogramm gehört? Dann zählen Sie zu dem sehr geringen Prozentsatz der Männer, die begriffen haben, daß Phantasie das nötige Salz in der Suppe ist. Gratulation, Sie sind ein Star! Ihre Fee ist zu beneiden, die Glückliche
Oder Sie stehen auf Dinner, die aus dem Rahmen fallen, und möchten gerne von der Norm abweichen? Sie haben Lust, sich und Ihrer Flamme etwas Abwechslungsreiches zu gönnen ? Super, lieber Leser, ich könnte Sie knutschen.
Oder möchten Sie tatsächlich mal etwas ganz Anderes ausprobieren und denken darüber nach, was frischen Wind in Ihre Beziehung bringen könnte? Nur Mut, meine Herren: Sexualität darf zelebriert werden, also raus aus den Pantoffeln und rein ins Vergnügen! Ihr Supergirl wird Augen machen, wenn Sie erst mal richtig in Fahrt kommen.
Nichts leichter als das, hier sind ein paar Vorschläge, Anregungen und Inspirationen zu Varianten eines Abends mit kulinarischen Leckereien, die originell und lustvoll serviert werden:

Back to the roots

Zelebrieren Sie ihr gesamtes Dinner nicht wie üblich am Tisch, sondern machen Sie es sich am Boden bequem. Die Betonung liegt allerdings auf bequem! Genügend Kissen sind die Voraussetzung, ein weicher Untergrund kann nie schaden. Decken Sie wie beim Picknick auf einer großen Tischdecke oder auf einem schönen Tuch den »Tisch«, stellen Sie viele – und ich meine viele! – Kerzen im ganzen Raum auf, kredenzen Sie unverschämt leckere Gerichte und füttern Sie die Frau Ihres Herzens höchstpersönlich. Wenn Sie drauf stehen, können Sie bei dieser Version sogar auf Besteck verzichten und auf Handbetrieb umstellen. Mit der richtigen Hintergrundmusik wird Ihre Göttin bald in die Kissen sinken und sich wie im siebten Himmel fühlen.

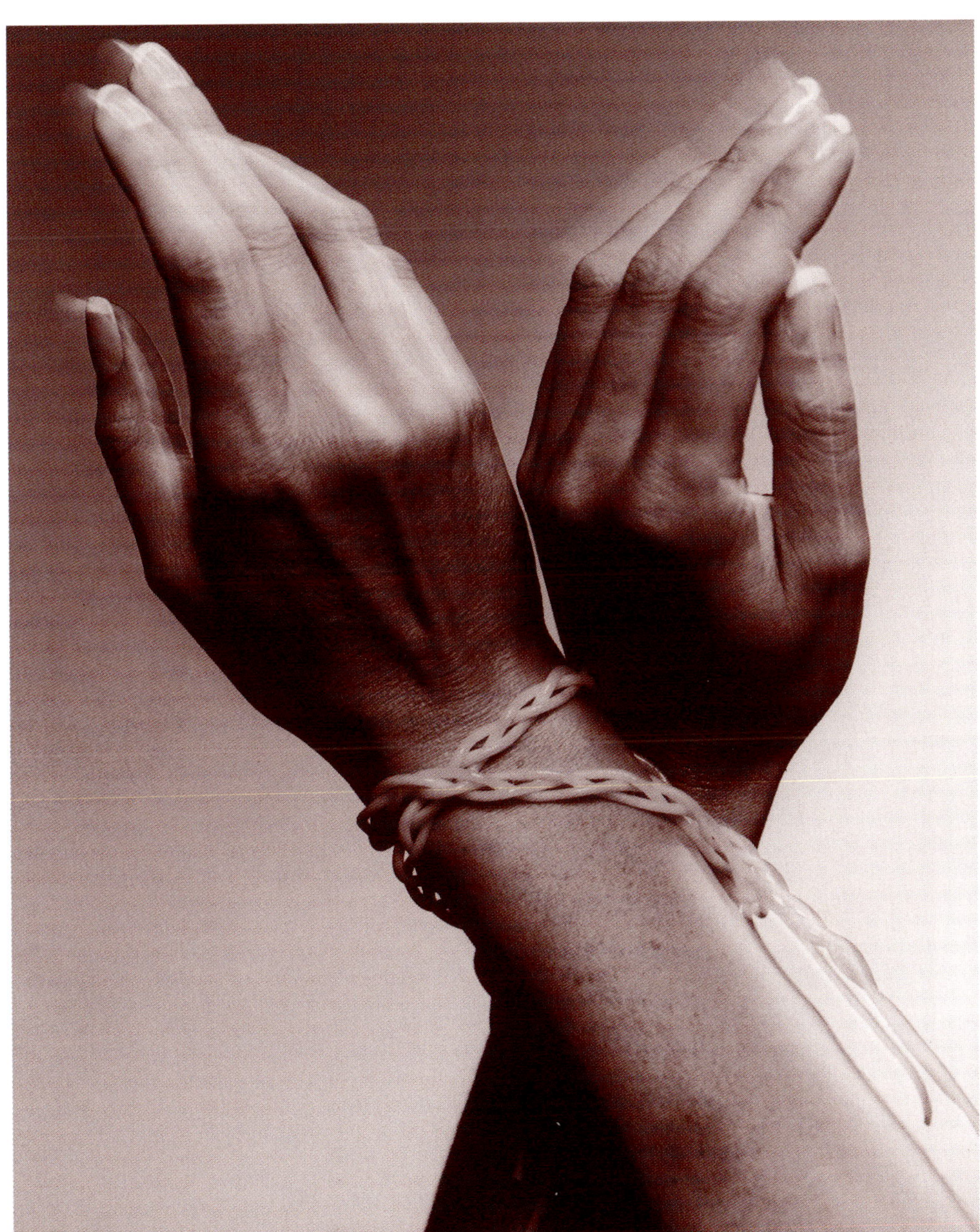

SplishSplash

Hinein ins kühle Naß! Bei dieser Dinneridee sollten Sie aber dafür sorgen, daß nicht nur das Naß angenehm warm ist, sondern auch alles drumherum die Temperaturen nach oben schnellen lässt. Verwandeln Sie Ihr – blitzblank geputztes! – Bad in eine erotische Lusthöhle: Kerzen an jeder nur freien Stelle sorgen für eine unbeschreibliche Atmosphäre, ätherisches Badeöl im Wasser regt sämtliche Sinne an. Lassen Sie doch mal Rosenblätter auf der Wasseroberfläche schwimmen, das sieht ungemein luxuriös aus. Feuchtwarme zusammengerollte Handtücher dienen als entspannende Nackenstütze. Mit einem weichen Schwamm seifen Sie Ihre Badenixe dann zuerst mal von Kopf bis Fuß ein. Waschen ausnahmsweise Sie Ihr mal das Haar und gönnen Sie ihr bei der Gelegenheit eine sanfte Kopfmassage. Sie wird juchzen vor Freude.

Dazu kommt der kulinarische Teil. Sie werden bemerken, so gut wie in der Badewanne schmeckt es fast nirgends. Schwelgen Sie nach Herzenslust und lassen Sie die Empfindungen fließen, wohin es Sie auch treibt ... Und wenn Sie die Lust wieder an Land gespült hat, sorgen Sie für weiche Badehandtücher in Reichweite für danach. Trocknen Sie den wunderbar entspannten Körper ihrer Meerjungfrau behutsam ab. Besorgen Sie vorab eine toll duftende Bodylotion oder ein besonderes Körperöl und cremen Sie Ihre Geliebte genussvoll damit ein. Ich garantiere Ihnen, wenn Sie es schaffen, daß Madame keinen Finger krumm machen muß, sind Sie ihr Held. Und das nicht nur für einen Abend!

9½ Wochen

Erinnern Sie sich noch, wie der charmante Mickey Rourke die schöne Kim Basinger permanent mit sinnlichen Spielchen verzückte? Was? Noch nie gesehen? Dann wird's aber Zeit, daß Sie sich die wichtigen Szenen mal reinziehen. Eine ganz berühmte Einstellung, die inzwischen Kultstatus hat, ist die Sequenz, in der Mickey ihr die Augen mit einem Seidenschal verbindet und sie dann mit den unterschiedlichsten Köstlichkeiten füttert. Probieren Sie's doch auch mal aus. Schalten Sie bei Ihrer Traumfrau sämtliche Sinne ein und knipsen Sie ihr nur das Augenlicht aus. Sie wird sich auf's Schmecken, Riechen, Tasten und Fühlen beschränken müssen und dabei die unglaublichsten Erfahrungen machen. Oder verwandeln Sie Ihren eigenen Körper einfach in eine lebendige Servierplatte, auf dem Sie ihr das Menü ganz anders darbieten. Verzieren Sie Ihren Körper mit allem, was Ihnen gerade in den Sinn bzw. auf's Tablett kommt. Es ist wahnsinnig aufregend für beide, ein köstliches Abendessen auf diese Art und Weise zu genießen.

Gestatten, mein Name ist …

Eine super Möglichkeit, Ihre Liebe mal wieder zu entfachen, ist es, Ihre Partnerin noch mal ganz neu kennenzulernen. Verabreden Sie sich mit Ihrem »Opfer« ganz unverfänglich vor/in einem Restaurant zum gemeinsamen Dinner. Diese Einladung ist selbstverständlich nur »Fake«, davon weiß Ihre Süße aber noch nichts. Gehen Sie wie zufällig auf Sie zu und fragen Sie sie, ob sie alleine ist oder jemanden erwarte. Mylady wird Ihre Frage erst mal erstaunt für die ersten Anzeichen einer beginnenden Alzheimerschen Krankheit halten und Sie fragen, ob Sie noch alle Tassen im Schrank haben. Ganz cool bleiben und ungestört weitermachen. Stellen Sie sich mit Namen vor, echt oder erfunden ist wurschtegal. Fragen sie nach ihrem Namen und nach dem Grund, warum ihre Begleitung noch nicht erschienen ist. Solch eine schöne Frau würden Sie niemals warten lassen …

Bieten Sie sich als Ersatzmann für den heutigen Abend an und offerieren Sie Ihre Einladung zum Dinner. Wenn Sie lange genug durchhalten, wird Sie es schon bald kapieren, dass dies nichts weiter als ein Spiel werden soll, und darauf einsteigen. Dann schleppen Sie Ihre »neue Eroberung« nach Hause ab, mit dem Einwand, Sie kennen da ein viel kuscheligeres Restaurant. In Ihren eignen vier Wänden haben Sie logischerweise schon Ihr Überraschungs-Menü vorbereitet. Die witzige Unterhaltung kann sich so über den gesamten Abend ziehen und Sie werden sich wundern, wieviel Neues Sie über Ihre Geliebte erfahren werden. Jungs, das kann man bis zum Gehtnichtmehr ausspielen und es macht obendrein mordsmäßigen Spaß. Und das ist ja der Sinn der Sache, richtig?

Erotik-Horoskop

Ich bin sicher, Sie alle können ein Lied davon singen: Es ist und bleibt für Euch Männer absolut unverständlich, denn es fehlt der logische Sinn: Warum, zum Himmel, ist jede Frau anders?!
Da glaubt »Mann« eben noch, er habe sich ein wenig Klarheit übers weibliche Geschlecht verschafft, da kommt schon die nächste Lady, die alles wieder gaaanz anders sieht. Wie soll man da auch durchblicken, wenn sich die Mädels partout nicht auf eine gemeinsame Betriebsanleitung einigen können.
Ich muß schon zugeben, daß dies bei Euch Männern weitaus unkomplizierter ist. Da Ihr Euch meist nur in Feinheiten unterscheidet, seid Ihr für aufmerksame Frauen doch einfacher zu handhaben. Die Basics stimmen größtenteils überein und stiften darum auch nicht so viel Verwirrung wie bei uns holden Feen. In diesem Punkt sind wir Frauen wirklich komplizierter.
Aber ich hätte da einen Vorschlag, um das Knäuel ein wenig zu entwirren: In den Sternen steht nämlich nicht nur, was die Zukunft bringt – sondern ebenso, worauf Ihre Auserwählte am meisten abfährt.

Widderdamen

(21. März – 20. April) ...
... sind wirklich stürmische Liebhaberinnen. Wer sie beeindrucken möchte, darf schon mal seine Phantasie in den nächsthöheren Gang schalten. Um den stark ausgeprägten Spieltrieb dieses Feuerzeichens zu befriedigen, brauchen Sie sich nur etwas Interessantes einfallen zu lassen: witzige Inszenierungen, dramatische Locations, ideenreiche Rollenspiele. Ganz nebenbei geben Sie ihr so auch die Gelegenheit, ihren Hang zu Übertreibungen spielerisch auszuleben. Couchpotatoes ohne Einfälle verweist sie auf die hinteren Ränge, bei Eintönigkeit bekommt sie regelrechte Phobien. Mit ihr als Geliebter dürfen Sie alle Verrücktheiten ausprobieren, die Ihnen bisher im Hirn rumgegeistert sind und die Sie nie vorzuschlagen wagten. Sie wird Ihnen Ihre Experimentierfreudigkeit bestimmt mit überraschenden Gegenangriffen versüßen. Wer auf ständige Veränderungen steht, für den sind Widderdamen immer ein Erlebnis und genau die Richtigen.

Stierfrauen

(21. April – 20. Mai) ...
... sind bodenständige Genießerinnen, die Sicherheit brauchen. Ihr Zuhause ist ihre vertraute Burg, aus der sie sich nur ungern auf fremdes Terrain begeben. Nutzen sie diese geborgene Umgebung, um Ihren Anker auszu-

werfen. Und vergessen Sie auf keinen Fall, ihr regelmäßig zu schmeicheln und Ihre Liebe jeden Tag aufs neue zu beteuern. Dafür dürfen Sie sich dann auf ausgedehnte Liebesnächte und lange Kuschelstunden freuen. Quickies sind für Stiere allenfalls ein Vorspiel, denn sie sind sehr ausdauernd. Also, meine Herren: Mit einer großzügigen Portion Romantik kommen Sie bei ihr zwar ganz langsam, aber sicher zum ersehnten Ziel. Vergessen Sie es, den Stier bei den Hörnern packen zu wollen. Trainieren Sie lieber Ihre eigene Kondition. Sie werden sie brauchen, hundertprozentig.

Zwillingsgirls

(21. Mai – 21. Juni) ...
... sind den für dieses Sternzeichen ganz typischen Gefühlsschwankungen unterworfen. Was sie aber auch zu umwerfenden Liebhaberinnen werden läßt. Machen Sie sich auf die ganze Bandbreite gefaßt: Eben noch zärtlich und sanft, ist im nächsten Augenblick die wilde Gangart angesagt. Zu deutsch: Ehe Sie's sich versehen, wird aus einem sanften Lamm eine rasante Wildkatze. Bescheidenheit und Zurückhaltung können Sie sich schenken, denn diese Tugenden sind sowieso Fremdwörter für Zwillinge. Sie lieben ausgelassenen Sex und dramatische Situationen genauso wie sanfte Verführungen in romantischer Atmosphäre.
Zwillingsgirls geizen nicht mit ihren Reizen. Deshalb: Bereichern Sie ihren Wäscheschrank doch ab und zu mit verführerischer Lingerie. Noch ein Tip: Da sie manchmal ein wenig egozentrisch sind, schauen Zwillinge sich gerne beim Sex im Spiegel zu. Darum denken Sie dran: Strategisch richtig plazieren – und ab geht die Post.

Krebsmädchen

(22. Juni – 22. Juli) ...
... sind unglaublich sensibel und auch viel verletzlicher, als Sie jemals vermuten würden. Darum sollten Sie bitte besonders aufpassen, wo Sie Ihre Füße hinsetzen. Krebsgirls sind auf keinen Fall Frauen für eine Nacht. Wenn Sie diese zartfühlenden Wesen erobern möchten, dann besteht Ihre allererste Aufgabe darin, ihr Vertrauen zu gewinnen, um sie danach eventuell aus der Schale zu locken. Dabei hilft es, wenn Sie wissen, daß sie sehr empfänglich für alles Emotionale sind – und genau diese Vorliebe macht sie zu hingebungsvollen Liebhaberinnen. Erwarten Sie keine Überraschungen oder karierten Maiglöckchen in der Liebeskunst, Krebsmädchen überlassen gerne anderen die Initiative. Wenn Sie es aber richtig anfangen, flirten, hofieren und gekonnt verführen, dann haben Sie eine romantische, zärtliche und einfühlsame Nixe an der Angel, auf die Sie immer zählen können – vorausgesetzt, Sie sorgen dafür, daß die Stimmung stimmt.

Löwinnen

(23. Juli – 23. August) ...
... zu erobern setzt voraus, daß Sie großzügig sind. Denn diese Eigenschaft ist bei solchen Raubkatzen dringend erforderlich. Löwinnen möchten der Mittelpunkt Ihres Lebens sein. Ohne Kompromisse, denn sonst bekommen Sie ihre Krallen zu spüren. Sie lieben es luxuriös, in jeder Hinsicht. Sparen

können Sie bei einer anderen. Bei ihr dürfen Sie getrost mit Komplimenten um sich werfen – und bitte nicht zu knapp. Schaffen Sie eine behagliche, anregende Atmosphäre, zünden Sie jede Menge Kerzen an, und vergessen Sie nie romantische Musik. Löwinnen haben manchmal einen Hang zur Dominanz und genießen ansonsten klassische Sexpraktiken. Beweisen Sie, daß Sie Humor haben, denn darauf fahren Löwinnen besonders ab. Vor allem: Seien Sie kreativ. Es ist ja nicht umsonst, Sie bekommen dafür auch das Gelbe vom Ei: eine einfühlsame und umwerfend leidenschaftliche Geliebte, die mit Ihnen bis zum Ende des Regenbogens geht. Wenn Sie es verstehen, sie in Ekstase zu versetzen, werden Sterne greifbar nahe.

Jungfrauen

(24. August – 23. September) ...
... sind verdammt konsequent, darauf können Sie sich verlassen. Sie sind Realistinnen, haben einen überaus klaren Blick und sind alles andere als leichtsinnig. One-night-Stands sind höchstens Ausrutscher, denn Jungfrauen können sich besser fallen lassen, wenn sie sich innerlich darauf vorbereitet haben. Oder es ist Teil eines ausgeklügelten Plans, aber das werden Sie nie erfahren. Also merken Sie sich: Wenn Sie sie zum Kaffee einladen, will sie Kaffee und sonst nichts, ansonsten müssen Sie eben vorher Klartext reden. Aber alles halb so wild, denn Höflichkeit und Beständigkeit läßt sie schmelzen. Erst mal überzeugt, lieben sie dann mit Haut und Haaren. Sie werden sich wundern, wie sehr sich Virgins engagieren, wenn sie an eine Beziehung glauben. Wichtig ist: Vermeiden Sie Chaos, denn das bringt Jungfrauen völlig aus dem Tritt. Sie sollten sich im Umgang mit Ihrer Liebsten ganz einfach um Perfektion bemühen – sie wird es Ihnen mit ewiger Treue und Zuverlässigkeit danken.

Waageweibchen

(24. September – 23. Oktober) ...
... sind sehr ausgeglichene Liebhaberinnen. Sie haben es besser drauf als irgendein anderes Sternzeichen, den Augenblick zu genießen. Tun Sie es ihnen gleich, denn ihre Aufmerksamkeiten sind oft nur von kurzer Dauer. Es sei denn, Sie haben das richtige Timing drauf, im passenden Moment von Seelenverwandtschaft, Harmonie und Ruhe zu sprechen. Dies sind die Hauptbedürfnisse des Waageweibchens. Erfüllen Sie ihr dieseWünsche, so wird sie Sie mit Fürsorglichkeiten überschütten. Denn ihre absolute Lieblingsbeschäftigung ist das Verwöhnen und Betören. Sie liebt es, ihren Charme auszupacken und vor Witz zu sprühen. Aber das, wie schon erwähnt, ist von der harmonischen Grundstimmung abhängig, denn Streit ist für Waagen ein einziger Alptraum. Sie bevorzugen entscheidungsfreudige Männer, die es jedoch langsam angehen, denn sie möchten Schritt für Schritt erobert werden. Wichtige Entscheidungen brauchen eben Zeit, und in der Ruhe liegt bekanntlich die Kraft. Ein romantisches Abendessen und Sex im flackernden Kerzenschein werden Sie geradewegs zu inniger Verschmelzung führen.

Skorpionfrauen (24. Oktober – 22. November) ...

... brauchen Männer, die geduldig sind. Wenn Sie sich diese Eigenschaft auf die Fahne schreiben können, haben Sie schon viel gewonnen. Skorpionfrauen wissen genau, was sie wollen, und leben ihre Gefühle sehr intensiv aus. Das macht unter anderem ihre fast hypnotische Anziehungskraft aus. In der Liebe geben sie alles, leidenschaftlich bis ekstatisch, Sie dürfen sich freuen. Auch hier sind Sie konditionell gefragt – vielleicht lesen Sie das Taokapitel noch mal genau durch, um bestens vorbereitet in die Schlacht zu ziehen. Absolutes Tabu: Untreue, denn Skorpionfrauen sind rasend eifersüchtig, da hilft auch keine Entschuldigung. Aber keine Angst, die vielseitigen Skorpione machen es völlig überflüssig, in fremden Gewässern zu fischen. Sie werden sowieso nicht mehr auf sie verzichten wollen.
Ein kleiner Trick am Rande: Skorpione offenbaren sich anfangs nur zögerlich, haben aber eine Schwäche für exotische Getränke, und diese freundschaftlichen Drinks wirken oft wahre Wunder ...

Schützedamen (23. November – 21. Dezember) ...

... haben keine Hemmungen, sind spontan und verrückt. Obendrein sind sie Frohnaturen, lieben es, albern zu sein und aus Herzenslust zu lachen. Sie frönen einer unübertroffenen Abenteuerlust, die Sie sich zunutze machen können. Überraschen Sie sie, planen Sie Sex an ungewöhnlichen Orten, das bringt sie in Fahrt. Es darf ruhig ab und zu gefährlich werden. Halten Sie aber Rückzugsmöglichkeiten bereit. Schützinnen brauchen das Gefühl, daß die nächste Tür einen Spalt breit offen ist, damit sie jederzeit entkommen können.
Sie reizen Situationen aus, lieben das Extreme. Es gibt bei ihnen kaum Tabus, die nicht gebrochen werden dürfen. Blümchensex mit frisch aufgeschlagenem Bett ist für sie alles andere als anregend. Ihre Pfeile sind haargenau plaziert, also stellen Sie Ihre Zielscheibe im richtigen Winkel auf. Dann können Sie sich auf eine hohe Trefferquote gefasst machen.

Steinbockmädels (22. Dezember – 20. Januar) ...

... sind scheinbar unergründlich. Hinter der verschlossenen Mona-Lisa-Fassade verbirgt sich eine starke Sinnlichkeit. Sie sind nicht gerne allein, lieben die Zweisamkeit und sind immer auf der Suche nach dem richtigen Partner. Aber auf Nähe muß wieder Distanz folgen – achten Sie daher auf Ausgewogenheit. Frei nach dem Motto, daß nicht Quantität, sondern Qualität zählt, sind Steinbockfrauen im Sex weniger experimentierfreudig, sie lieben es eher klassisch. Dafür aber ausdauernd, gemütlich und überschaubar. Vernunft und Humor sollten zu Ihren Eigenschaften gehören, dann haben Sie echte Chancen, in ihrem klar strukturierten Leben einen Platz einzunehmen. Freunde und Partnerschaften sind für Steinbockfrauen immens wichtig, darum werden Sie bei ihr die Nummer eins sein, wenn Sie es verstehen, ihr ihre Freiheit zu lassen und ihr gleichzeitig zu zeigen, wie sehr Sie Ihre Traumfrau begehren. Ihr Steinbockmädchen wird Sie dafür mit ehrlicher, zuverlässiger Liebe belohnen.

Wassermänninnen (21. Januar – 19. Februar) …

… lieben ihre Freiheit und Unabhängigkeit und brauchen Toleranz wie die Luft zum Atmen. Alles Neue zieht sie fast magisch an, vorausgesetzt, sie haben das Gefühl, sich frei entscheiden zu können. Frauen dieses Sternzeichens sind fasziniert von phantasievollem Sex, denn sie lieben die Abwechslung und sind offen für Überraschungen. Was sie nicht kennen, erregt sie um so mehr, also sollte Einfallsreichtum zu einer Ihrer hauptsächlichen Qualitäten zählen. Stören Sie sich nicht daran, daß sie von Ihnen Geduld verlangt – wichtig ist nur, daß Sie sich interessant machen. Servieren Sie alle Tricks aus Ihrem Repertoire, um Ihr Objekt der Begierde zum Kochen zu bringen. Sie wird ihrerseits immer für neuen Schwung in Ihrem Liebesalltag sorgen, denn erst mal angeregt, kommen ihre aufregenden Ideen erst richtig zum Tragen. Loben Sie sie fleißig und stetig, das läßt sie über sich selbst hinauswachsen. Und die süßen Früchte dürfen dann selbstverständlich Sie ernten.

Fischfrauen (20. Februar – 20. März) …

… sind Meisterinnen des ausgedehnten Flirts, denn sie sind für Romantik und hingebungsvolle Liebe wie geschaffen. Sie sind die personifizierte Weiblichkeit – und Träumerinnen dazu. Diese Meeresnixen lieben es, lange und ausführlich umworben zu werden. Packen Sie Ihr Talent zum Charmeur wieder mal aus, und Sie werden sehen, wie schnell Sie Pluspunkte sammeln können. Sex ist für Fischfrauen ein gegenseitiges Geben und Nehmen. Seien Sie besonders zärtlich, tragen Sie Ihr Herz auf der Zunge, dann schmilzt das Eis im Liebestaumel. Fische bauen ihre Beziehungen immer auf Vertrauen und Verständnis auf. Flüchtige sexuelle Abenteuer gibt es daher nur selten und allenfalls als Ausrutscher. Wer an ihnen wirklich interessiert ist und sich in ihre Hände begibt, dem wird kein Wunsch unerfüllt bleiben.

Mein Sternschnuppenrat

Was auch immer Venus empfiehlt: Vergessen Sie bitte nicht, daß Ausnahmen auch hier die Regel bestätigen. Glücklicherweise sind Sie ja von Haus aus mit einer untrüglichen Intuition ausgestattet, und im Zweifelsfall hilft Ihnen diese immer weiter, damit Ihr Abend garantiert unter einem guten Stern steht. In diesem Sinne: Guten Appetit!

Das Hol- oder Bring-Menü

Sie haben...
... sehr viele Talente, zu denen Kochen aber definitiv nicht gehört?
... ein Wohnklo als Behausung, wo beim Dinner for Two einer schon zuviel ist?
... schon mal versucht, Eier zu kochen, wobei Ihnen aber dummerweise das Wasser angebrannt ist?
... null Bock, zu Hause etwas vorzubereiten, weil man die Zeit anderweitig viel besser nutzen kann?
... die Einstellung: Kochen ist was für Weiber?

Wenn Sie auch nur eine dieser Fragen mit ja beantworten, dann sind Sie ein klarer Fall für mein Hol- oder Bring-Menü!

Let's fake it, honey!

Nein, nicht Ihren Orgasmus sollen Sie faken. Ich meine Ihr »selbstgekochtes Abendessen«.
Nix Zutaten einkaufen, nix Vorbereitungsstreß, nix Aufregung. Ein »Blender« zu sein ist gar kein Nachteil, allerdings sollten Sie gekonnt schummeln, das macht Ihre Anti-Küchenchef-Einstellung wieder sympathisch. Ich kredenze Ihnen hier einige Vorschläge, wie Sie fast keinen Finger krumm zu machen brauchen und trotzdem alles meisterhaft verführerisch aussieht.
Mein freundschaftlicher Rat für Ihren »Bluff-Weichkochabend«:
Vergessen Sie bitte heute abend den üblichen Pizzaservice, der sonst immer herhalten muß, wenn sich in Ihrem Kühlschrank gähnende Leere breitgemacht hat. Ebenso Ihr Stammlokal um die Ecke mit seinen fantastischen riesen Wiener-Schnitzeln, die so bombastisch sind, daß sie bis weit über den Tellerrand hinausragen. Wir sind uns wohl einig: All das ist nicht gerade die königliche Art, die Dame Ihres Verlangens zu bezirzen und auf Ihre Tischseite zu locken. Es sei denn, Ihre Maid pfeift auf Details und steht mehr auf Kompaktes. In jedem Fall aber, hochverehrte Herzensbrecher, gilt: Stil muß sein!!! Das Wichtigste ist nicht unbedingt, WAS Sie auf die Teller zaubern, sondern WIE Sie es präsentieren.
Ich habe drei Versionen der überzeugendsten Täuschungen für Sie vorbereitet:

1. Ein Menü z. B. in Ihrem Lieblingsrestaurant auswählen und mitnehmen!

Lassen Sie sich vom Chefkoch beraten, er wird Ihnen gerne ein passendes Dinner zusammenstellen. Verabreden Sie sich für eine feste Zeit, um die Gerichte abzuholen, dann brauchen Sie zu Hause nur noch »Holde, es ist angerichtet« zu rufen, und die Überraschung ist perfekt. Bitten Sie Ihren Restaurantchef auch gleich um eine Weinempfehlung zu den ausgewählten Speisen.

2. Delikatessenservice!

Bestellen Sie ein Minibuffet im Feinkostladen oder beim exklusiven Partyservice. Dies ist natürlich auch schon für zwei Personen möglich. Alles eine Frage des Budgets. Entweder Sie lassen sich Vorschläge machen, oder Sie äußern Ihre Wünsche. So müssen Sie sich um nichts kümmern, alles wird von kleinen Mainzelmännchen gebracht, aufgebaut und am Tag danach wutschdiwutsch wieder abgeholt. Sorgen Sie nur dafür, daß der Abholtermin nicht vor der Mittagszeit liegt, denn man weiß ja nie, wo und in welcher Lage der Sonnenaufgang einen überrascht.

3. Rent a cook: Engagieren Sie einen Koch für einen Abend!

Es gibt mittlerweile Mietköche, die mitsamt allen Zutaten und »Werkzeugen« bei Ihnen zu Hause auftauchen, ein Menü zaubern, wenn gewünscht, fast lautlos den Abwasch erledigen und dann so schnell verschwinden, wie sie kamen. Diese Variante macht aber nur Sinn, wenn Ihre Küche vom Eßzimmer getrennt ist. Es sei denn, Sie beide stehen auf Zuhörer oder -schauer. Zu finden ist so ein guter Geist im Branchenbuch, über Anzeigen in Stadtmagazinen und Tageszeitungen oder Veranstaltungsagenturen. Oder fragen Sie Ihren besten Kumpel oder dessen Frau, die helfen Ihnen sicher, alles vorzubereiten. Schließlich freuen die sich am meisten, wenn Sie endlich unter die Haube kommen.

Intercourses

Die sechs Menü-Rezepte

La dolce vita: Italienisches Menü

(Einsteiger-Kochkurs)

VORSPEISE

Insalata di pomodori con mozzarella

Marinierter Tomatensalat mit Mozzarella

ZWISCHENGERICHT

Risotto con spumante

Reis mit Prosecco

HAUPTGANG

Saltimbocca alla romana

Kalbsschnitzel mit Parmaschinken und Salbei

DESSERT

Fragole con gelato corretto

Erdbeeren mit Schwipseis

Sie planen eine kulinarische Stippvisite im Land der »amore«? Nun, ein bißchen Romantik dürfen Sie dabei schon versprühen. Angemacht wird heute abend mediterran, alles schmeckt nach Italiens Lust am Leben. Schwelgen Sie in würzigen Aromawundern, und holen Sie des Sommers süße Wonne direkt auf Ihren Tisch. Lassen Sie die wenigen Zutaten für sich sprechen. Die feinen kulinarischen Quickies machen es Ihnen wirklich einfach, Ihr »Opfer« zu verwöhnen.

Ihre Koch-Qualifikation:

Sie hatten schon mal einen Kochlöffel in der Hand? Wissen, daß man mit dem Schneebesen nicht das Eis vor der Garage wegkehrt? Ihr letzter Versuch, Maggis Bolognese-Sauce anzurühren, ist voll eingeschlagen? Allerdings beschränken sich Ihre sonstigen Kocherfahrungen auf die Kaffeemaschine?
Dann sind Sie für dieses Menü prädestiniert! Hier werden Sie mit großen Augen über sich selbst staunen und können regelrecht zusehen, wie Sie vom blutigen Anfänger zum raffinierten Weichkochprofi mutieren.
Ich habe großen Wert darauf gelegt, Ihnen alles super-verständlich zu erklären. Die Rezepte sind übrigens von meinem »nicht kochenden« Ehegatten für nachvollziehbar befunden worden. Also ran an den Feind und keine Angst: Ich bin bei jedem (kulinarischen) Schritt bei Ihnen. Und Ihre bella ragazza wird verblüfft sein, garantiert!

Welche Frauentypen stehen auf dieses Menü?

Alle unkomplizierten Frauen, die lieber auf Schnickschnack verzichten, weil es ihnen viel wichtiger ist, mit Ihnen einen zauberhaften Abend zu verbringen als Michelin-Sternchen zu zählen.
Unvergleichliche Romantikerinnen, die auf eine gemütliche, sinnliche Atmosphäre abfahren und denen Kerzenschein, sanfte Musik und viel, viel Liebe den richtigen Appetit bescheren.
Bodenständige Julias, deren größte Lust die einfachen Genüsse des Lebens sind: frische, gesunde Zutaten, guter Vino und ein leidenschaftlicher Romeo, der statt Opern zu quatschen lieber ihren Heißhunger stillt.

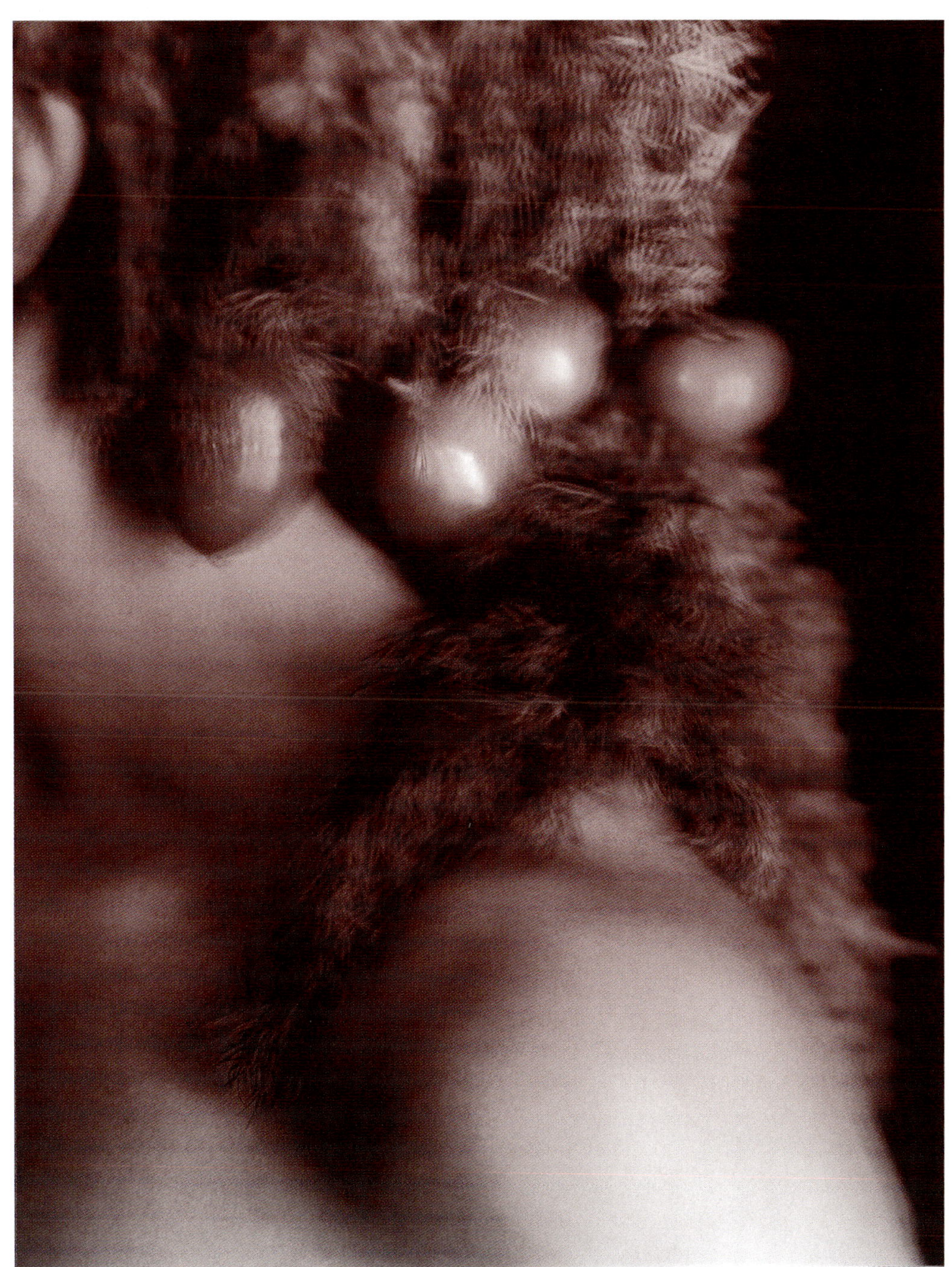

Vorspeise

Insalata di pomodori con mozzarella

Marinierter Tomatensalat mit Mozzarella

12-14 Cherrytomaten (Kirschtomaten), reif und fest
1 Frühlingszwiebel
1 kleine Knoblauchzehe
2 EL guter Balsamico-Essig
3 EL gutes Olivenöl, extra vergine, kaltgepreßt
10 Blättchen frisches Basilikum
wenig Salz
frischer schwarzer Pfeffer aus der Mühle
1 Prise Muskatnuß, frisch gerieben
1 Kugel Büffelmozarella

Beilage: Ciabatta (ital. Brot) oder knuspriges Baguette

Dies ist mal eine andere Art, den berühmtem »Insalata Caprese«, wie diese Kombination aus Tomaten, Mozzarella und Basilikum in Italien heißt, zu servieren. Sie werden schnell bemerken, daß der Salat in meiner Version viel profimäßiger aussieht. (Einfach nur Tomatenscheiben mit Mozzarella zu belegen ist ja nun nicht gerade einfallsreich.) Ich habe natürlich allergrößten Wert darauf gelegt, daß alles supereinfach zuzubereiten ist.

Und los geht's

Diese Vorspeise können Sie nachmittags schon vorbereiten, d. h. alles kleinschnippeln, dann brauchen Sie am Abend nur noch den Tomatensalat um den Mozzarella zu garnieren.
Zuerst waschen Sie die Cherrytomaten unter kaltem Wasser ab und entfernen das Grünzeug. Dann die Tomaten halbieren bzw. vierteln, je nach Größe, und in eine Schüssel geben. Nun von der Frühlingszwiebel den unteren haarigen Teil und die erste Haut entfernen. Jetzt wird sie, inklusive dem grünen Stiel, in kleine Ringe geschnitten. Je feiner, desto besser. Und ab in die Schüssel.
Danach die Knoblauchzehe schälen und auch fein hacken. Bitte verzichten Sie auf eine Knoblauchpresse, die zerquetscht nur die feinen ätherischen Öle. Ebenfalls in die Schüssel geben und alles vermischen.

Dann geht's: ans Dressing:

Zu Ihrer Tomatenmischung geben Sie nun je 2 Eßlöffel Balsamico-Essig und Olivenöl. Dazu ein wenig Salz, Pfeffer und einen Hauch Muskatnuß.

Die gewaschenen Basilikumblättchen geben Sie erst kurz vor dem Servieren dazu. Falls Sie Riesenblätter haben, diese noch grob hacken oder mit einer Küchenschere in Streifen schneiden. Sieht doch schon richtig gekonnt aus, oder? Und es schmeckt auch so!
Auch die Büffel-Mozzarella-Kugel sollten Sie erst am Abend aus ihrer Flüssigkeit nehmen, sie trocknet sonst aus. Zuerst abtropfen lassen und dann in der Mitte halbieren.
Diese Halbmonde setzen Sie jeweils ins Zentrum ihrer beiden großen Teller und gießen ein wenig Olivenöl darüber. Nun geben Sie Ihre Tomatenmischung wie einen Kranz um den weißen Mozzarella herum (bitte nicht obendrauf, wie bei Oma ihre Klöße). Am Tisch fragen Sie Ihre Geliebte galant, ob Sie vielleicht noch ein wenig frischen Pfeffer möchte, und eilen dann flugs mit der Pfeffermühle herbei. Zwei Scheiben knuspriges Ciabatta-Brot für jeden und schon kann's losgehen. Sehen Sie, geht doch viel einfacher, als Sie dachten.

Gabriellas secrets:

Sie können anstelle der Cherrytomaten natürlich auch normale Strauchtomaten verwenden, jedoch sind Cherrytomaten meist viel intensiver und etwas süßlich im Geschmack, was sehr gut zum Mozzarella paßt. Genauso ist Büffel-Mozzarella viel zarter und aromatischer als der bekanntere und günstigere Kuhmilch-Mozzarella. Vielleicht können Sie sich überwinden, ausnahmsweise beim Feinkost-Italiener einzukaufen. Dort können Sie auch gleich ein tolles Olivenöl und den Balsamico-Essig erstehen. Mit hervorragenden Zutaten läßt sich halt auch außergewöhnlich gut kochen.

Zwischengericht

Risotto con spumante

Reis mit Prosecco

Zutaten:

1	Schalotte (klitzeklein geschnitten)
2 EL	Butter
100 g	Risottoreis (Rundkornreis)
1 Glas	Prosecco
0,33 l	Geflügelbrühe oder -fond
	Salz
	frischer weißer Pfeffer
1-2 EL	Parmesankäse gerieben
1 Prise	Muskatnuß, frisch gerieben

Dieses Gericht weckt Erinnerungen an die Piazza Napoli bei Sonnenuntergang, schmeckt gerade wegen seiner wenigen, schlichten Zutaten umwerfend und ist wirklich unkompliziert zuzubereiten. Alles, was Sie brauchen, ist ein wenig Ausdauer (!) beim Rühren des Risottos. Ein Geheimnis verrate ich Ihnen vorab: Ein Mann, der einen Risotto zubereiten kann, hat bei uns Mädels schon zu 78,5 % gewonnen. Sind Sie bereit? Na dann mal flugs an den Herd!

Und los geht's: Bereiten Sie sicherheitshalber alles schon am späten Nachmittag vor. Messen Sie zunächst alle Zutaten genau ab, und stellen Sie alles in Schüsselchen bzw. Gläschen parat, so vergessen Sie im Eifer des Gefechtes nichts und kommen abends nicht ins Schwitzen (jedenfalls nicht schon beim Kochen).

Ihr Risotto können Sie allerdings erst am Abend zubereiten, sonst wird er knatschig.

Nun zum Rezept: Schneiden Sie die Schalotte in ganz feine Würfelchen, und lassen Sie einen Eßlöffel Butter zunächst bei schwacher Hitze in einem mittelgroßen Topf zergehen. Dann die Temperatur etwas höher schalten, aber aufpassen, daß die Butter nicht zu stark bräunt.

Darin die Schalotte unter Rühren leicht glasig anschwitzen, zu deutsch: ca. zwei Min. anbruzzeln. Anschließend sofort den ganzen Reis einrühren und ebenfalls ganz kurz anbraten, will heißen, ungefähr eine Min. Anschließend mit 1 Glas Prosecco ablöschen (Vorsicht, das dampft ordentlich), Temperatur zurückschalten und immer schön weiterrühren, bis die Flüs-

sigkeit gekocht ist. Dies können Sie gerne ganz fachmännisch unter den bewundernden Augen Ihrer Tischdame zelebrieren und ihr dabei erklären, daß es beim Risotto ganz wichtig ist, ununterbrochen umzurühren, damit der Reis außen ganz soft wird und innen immer seinen harten Kern behält. Rühren Sie aber um Gottes willen nicht wie wild im Topf herum, sondern bleiben Sie ganz gelassen, schön zärtlich, aber intensiv (!) und gleichmäßig. (Also so, daß Ihre Signora gleich auf Ihre sonstigen Fähigkeiten schließen kann ...)
Wenn der Sekt aufgesogen ist, ein wenig Geflügelbrühe oder -fond zugeben und wiederum einkochen lassen. In dieser Weise nach und nach immer ein bißchen Brühe zugießen und weiterrühren, bis der Reis nach ca. 15-20 Min. gar ist (er sollte allerdings noch etwas Biß haben, sprich, schön al dente sein!).
Am Ende nach Geschmack vorsichtig salzen (denn die Brühe hat meist schon genügend Salz), 1 Löffel Butter zugeben und den geriebenen Parmesan sowie den frisch gemahlenen Pfeffer unterrühren. Zum Vollenden noch ein halbes Glas Prosecco zugeben (nicht mehr, sonst wird's suppig), umrühren und vor dem Servieren noch 1 Min. ziehen lassen.
Den Risotto auf zwei Teller verteilen und genießen. Ich kann das Kompliment Ihrer Göttin schon jetzt hören!

Hauptgang

Saltimbocca alla Romana

Kalbsschnitzel mit Parmaschinken und Salbei

Zutaten:

2 Kalbsschnitzel (à 100 g), dünn geschnitten und flachgeklopft (ca. 0,5 cm)
40 g Parmaschinken
6 Salbeiblättchen
6 Zahnstocher
Salz
schwarzer Pfeffer aus der Mühle
2 EL Olivenöl zum Braten
100 ml guter italienischer Rotwein
1 EL Mascarpone

2–3 kleine Kartoffeln
Olivenöl zum Bestreichen
Salz
Pfeffer aus der Mühle
Kümmel

Auch hier gilt wieder: Dieses Gericht sieht viel aufwendiger aus, als die Zubereitung ist, und schmeckt vorzüglich (wie soll's auch anders sein). Mit diesem Hauptgang setzen Sie jetzt zum offensichtlichen Angriff an.

Und los geht's

Wie bei den vorangegangenen Gerichten, können Sie auch hierbei das meiste schon nachmittags vorbereiten. Tupfen Sie das Fleisch mit Küchenpapier trocken, dann salzen und pfeffern. Darauf legen Sie die feinen Parmaschinkenscheiben. (Zupfen Sie vorher die Fettränder ein wenig ab, falls Ihre Geliebte mal wieder auf Diät ist …)
Nun die Salbeiblättchen auf dem Schinken verteilen und den Belag mit Zahnstochern auf dem Fleisch befestigen. So kann nix verrutschen und alles bleibt an seinem Platz. Erstmal ab in den Kühlschrank bis zum Abend.

Jetzt zu den Kartoffeln: Gut abwaschen und notfalls abbürsten. Danach zerteilen Sie sie in zwei Hälften, aber bitte der Länge nach, so garen Sie besser. Die Schnittstellen werden nun mit ein wenig Olivenöl eingepinselt

und dann mit Salz, Pfeffer und ein paar Kümmelsamen bestreut. Das war's auch schon bis zum Abend.
Vor dem Servieren des Risottos legen Sie die Kartoffeln auf ein Backblech, und ab damit in den Backofen. Bei 180 Grad ca. 30 Min. backen. Nach 20 Min. sicherheitshalber mal kurz nachschauen, damit nichts ansengelt.

Wenn Sie sich nach dem Zwischengericht nun zur Zubereitung des Hauptgangs begeben, geht alles recht fix.
Die Pfanne erhitzen und das Olivenöl eingießen, dann die gespickten Kalbsschnitzelchen darin ca. zwei Min. pro Seite anbraten. Aus der Pfanne heben, diese vom Herd nehmen, aber nicht abspülen, Sie brauchen sie noch für die Sauce. Das Fleisch auf einen extra Teller geben und diesen am besten kurz zu den Kartoffeln in den mittlerweile abgeschalteten, aber noch warmen Ofen stellen

Jetzt bereiten Sie noch ruckizucki die Sauce zu:
Erhitzen Sie das restliche Bratenfett wieder in der Pfanne, und gießen Sie den Rotwein hinein. Jetzt dampft es ordentlich. Lassen Sie das Ganze kurz aufköcheln und ein wenig reduzieren. Danach rühren Sie noch den Eßlöffel Mascarpone ein, und schon ist die Sauce fertig. Schalten Sie jetzt den Herd aus.

Anrichten

Nehmen Sie das Fleisch aus dem Ofen, und richten Sie es mit den Grillkartoffeln auf zwei Tellern an. Entfernen Sie vorsichtig die Zahnstocher, und gießen Sie dann die Sauce nur über das Fleisch und auch nur an einer Seite (bitte nicht ertränken). Garnieren Sie zum Abschluß das Kunstwerk mit je einem frischen Salbeiblättchen, und servieren Sie es Ihrer staunenden Signorina.
So, und jetzt behaupten Sie noch mal, Sie könnten nicht kochen! Das glaubt Ihnen nach diesem Dinner sowieso keiner mehr!

Gabriellas secrets:

Achten Sie beim Einkauf darauf, daß der Metzger Ihnen die Kalbsschnitzel schön dünn schneidet. Wenn Sie ihm sagen, Sie möchten Saltimbocca alla romana zubereiten, weiß er schon genau, wie das Fleisch sein soll. Sie können übrigens auch mehrere kleine Schnitzelchen statt eines größeren zubereiten. Das sieht auch ganz hübsch aus.

Dessert

Fragole con gelato corretto

Erdbeeren mit Schwipseis

Zutaten:

4 Kugeln Vanilleeis
350 g Erdbeeren, schöne/große/tiefrote
1 EL Maraschino (Likör)
1 EL Weinbrand
1 Pr. Anispulver
etwas abgeriebene Limonenschale (von ungespritzten Limonen)

Hier das ultimative Verführungs-Dessert. Gegenseitiges Füttern ist dabei nicht nur Kult, sondern Gesetz. Wer's unterläßt, kriegt Strafpunkte und muß auf die Ersatzbank. Das Anrichten überlasse ich Ihnen (kleiner Tip: Denken Sie doch mal an *9½ Wochen* ...

Und los geht's

Die Erdbeeren waschen und das Grünzeug vorsichtig entfernen. Nun können Sie die Früchte halbieren (um sie mit einem Löffel zu essen, Sie Langweiler ...) oder ganz lassen (weil Sie Ihre Süße damit füttern möchten ...). Auf jeden Fall zwei besonders schöne Exemplare zur Deko aufheben. Nun wieder in den Kühlschrank damit, bis die Nachspeise ansteht.

Am Abend stellen Sie ca. 15 Min. bevor es mit dem Vorspiel, ähm, mit dem Dessert losgehen soll, das Vanilleeis vom Gefrierfach in den Kühlschrank, damit es ein wenig antaut. Nur ganz sachte, Sie wissen schon. Wenn's dann soweit ist, verrühren Sie den Maraschino, den Weinbrand und die Prise Anis.

Die Erdbeeren können Sie schon mal auf dem Rand eines Tellers verteilen. Aufgepaßt, ich sagte ein Teller! Mit getrennten Tellern brauchen Sie jetzt gar nicht mehr anzufangen!

Nun geben Sie das Vanilleeis in eine Schüssel und rühren es cremig. Danach gießen Sie den Alkohol hinzu und vermischen alles miteinander.

Anrichten

Geben Sie die Eiscreme in die Mitte des Tellers, und bestreuen Sie sie mit der geriebenen (oder mit einem Messer abgekratzten) Limonenschale. Schon fertig. Jetzt wird's aber auch Zeit, Ihre ragazza zu verführen. Jungs, einfacher kann die Ouvertüre zum Duett nicht sein!

Einkaufsliste

Fleisch/Fisch:

- 2 *Kalbsschnitzel* (à 100 g), dünn geschnitten und flachgeklopft (ca. 0,5 cm)
- 40 g Parmaschinken

Gemüse/Obst:

- 12-14 Cherrytomaten (Kirschtomaten), reif und fest
- 2 –3 kleine Kartoffeln
- 350 g schöne, große, tiefrote Erdbeeren
- 1 Bund Basilikum
- 1 Bund Salbei
- 1 Schalotte
- 1 Frühlingszwiebel
- 1 Limone (unbehandelt)
- • Knoblauch

Feinkost/Supermarkt:

- 1 Büffelmozzarella
- 100 g Risottoreis (Rundkornreis)
- • Geflügelbrühe oder -fond
- 1 St. Parmesankäse
- 1 Becher Mascarpone
- 1 Pkg. Vanilleeis
- • Anispulver
- • Ciabatta (ital. Brot) oder knuspriges
- • Baguette
- • Butter
- • Kümmel
- 1 Fl. Prosecco
- 1 Fl. guter italienischer Rotwein
- 1 Fl. Maraschino (Likör)
- 1 Fl. Weinbrand

Getränke:

- • Wein, Wasser,
- • Cocktailzutaten

Was Sie wahrscheinlich im Haus haben:

- • guter Balsamico-Essig
- • gutes Olivenöl, extra vergine, kaltgepreßt
- • Salz
- • schwarzer Pfeffer aus der Mühle
- • weißer Pfeffer aus der Mühle
- • Muskatnuß, ganz
- • Zahnstocher

Take a walk on the wild side: Kalifornisches Menü

(Fortgeschrittenen–Kochkurs)

VORSPEISE

Spinach Salad

Frischer Spinatsalat mit Aprikosen und Ingwer

ZWISCHENGERICHT

Angelhair with Roma Tomatoes and Limes

Engelshaarspaghetti mit Roma-Tomaten und Limetten

HAUPTGANG

Scallop Brochettes with Relish

Spiesse von Jakobsmuscheln mit Relish

DESSERT

Pink Grapefruit Sorbet with Tequila

Rosa Grapefruit-Sorbet mit Tequila

Ein Spaziergang durch die Straßen von L.A. ist zugleich eine ethnologische Lehrstunde. Wo Multikulti eine Selbstverständlichkeit ist, geht's auch im Kochtopf knallbunt zu. Im Sunshine State kümmert sich glücklicherweise keiner um Konventionen. Nice and easy wird abenteuerlich gemischt, was der Schmelztiegel der Nationen hergibt. »Let's have fun« scheint das Motto der schrillen Köche zu sein. Und wirklich, es macht tierischen Spaß, frisch und frei Traditionen zu brechen und kreuz und quer durchs Gemüsebeet zu kombinieren. Fusion-Food, Sea-Food, Fast-Food ... die Beach Boys nehmen eben nichts wirklich ernst. Eine ausgelassene Individualität, die am Ende wieder Stil hat und obendrein noch sensationell schmeckt!

Ihre Koch-Qualifikation:

Neben surfen und skaten zählt auch grillen und schnippeln zu Ihren sportlichen Talenten. Ihr Bodybuildingtraining ist so weit fortgeschritten, daß Sie Zitronen und Limetten mit Leichtigkeit auspressen können. Perfect, my dear, denn bei diesem Menü ist alles recht, was ausgelassen und kurzweilig klingt. Pfeifen Sie auf Regeln, denn wir werden gemeinsam traditionelle Rezepte ganz neu erfinden.
Die Zusammenstellung reizt zum kreativen Work-out mit anschließendem Cool-down beim Sunset in der Hängematte.

Welche Frauentypen stehen auf dieses Menü:

Sonnengöttinnen, mit der Einstellung »Think big« und dem unkomplizierten Eßverhalten der kalifornischen Eßkultur.
Vitamin-Bomben, denen ihr Body lieb und wert ist, die aber, anstatt dem Fitneßwahn zu verfallen oder Kalorien zu zählen, lieber gleich auf vernünftige Ernährung achten.
Easy-Rider-Girls, die das Abenteuer lieben und sich gerne frischen Wind um die Nase wehen lassen, denn sie kriegen ihren Kick on route 66!

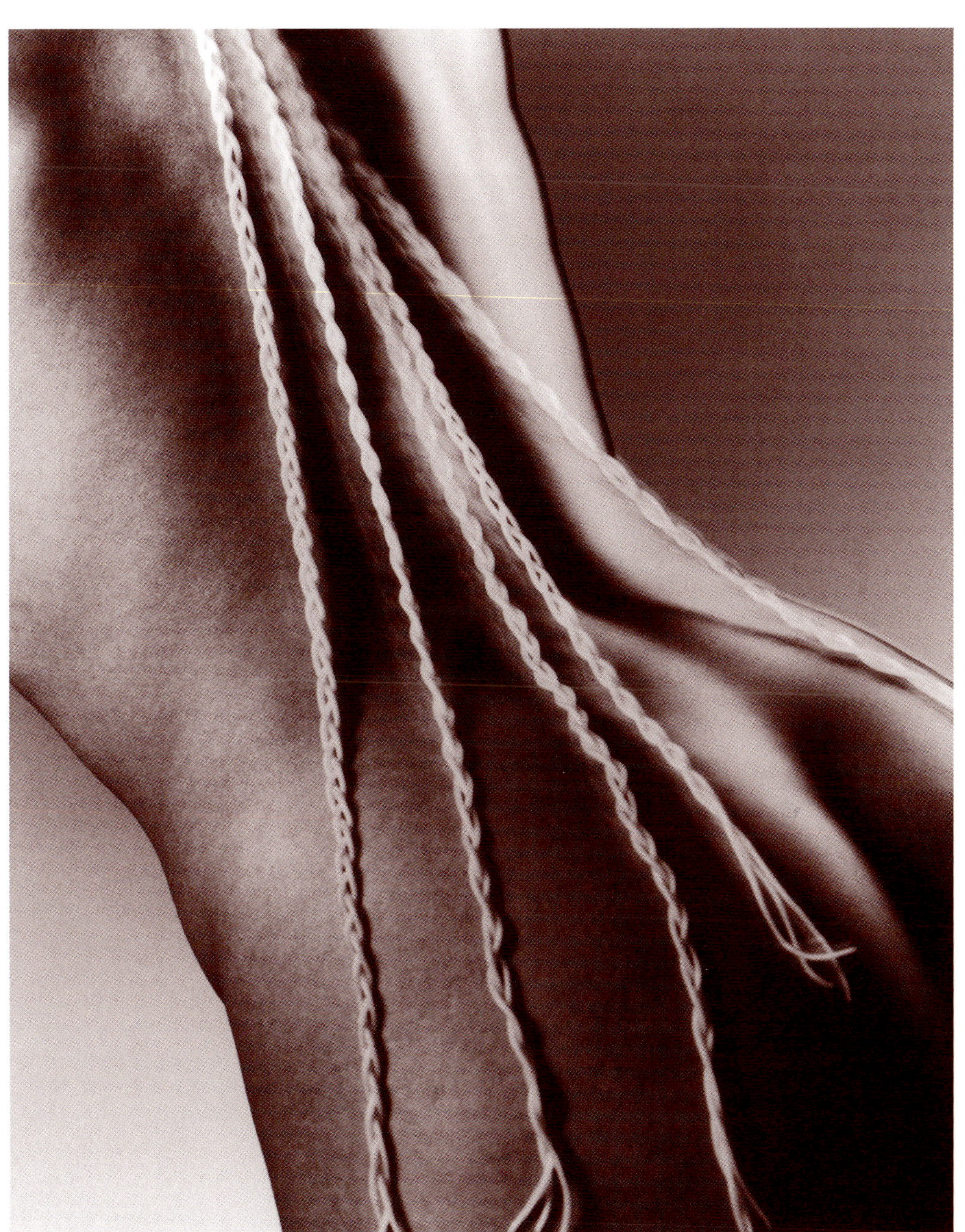

Vorspeise

Spinach Salad

Frischer Spinatsalat mit Aprikosen und Ingwer

Die Zutaten:

1 kl.	Knoblauchzehe
1 kl.	Stück Ingwer
	Salz
	schwarzer Pfeffer aus der Mühle
½ TL	Currypulver
1 Pr.	Zucker
1 EL	Weißweinessig
40 ml	trockener Weißwein (altern. Gemüsebrühe)
40 ml	neutrales Öl
½ kl.	Apfel, milde Sorte
25 g	getrocknete Aprikosen
125 g	junger Blattspinat
20 g	Mandelsplitter

Frischen Spinat zu einem tollen Salat zu verarbeiten ist in Kalifornien supertrendy, und er fehlt auf keiner Speisekarte im Surferstaat. Schade, daß es bis zu uns nach Europa kaum durchgedrungen ist: Frischer Spinat ist megagesund, schmeckt raffiniert und weckt in dieser fast orientalischen Version erfahrungsgemäß die Lebensgeister. Testen Sie es ruhig aus!

Und los geht's

Das Dressing ist denkbar einfach zuzubereiten, denn in Kalifornien muß alles »nice and easy« sein und das Ganze dann bitte schön superfrisch und blitzschnell:
Sie schälen den Knoblauch und den Ingwer und hacken beides klitzeklein. Dann geben Sie die Würfelchen zusammen mit Salz, Pfeffer, Currypulver, Zucker, Essig und Wein in einen Mixer und verarbeiten alles zu einem feinen Püree. Nach und nach träufeln Sie nun das Öl »Drupje voor Drupje« unter die Knoblauchmischung, bis sie eine wunderbar cremige Konsistenz bekommt.
Nachdem Sie die Salatcreme gemixt haben, schälen, entkernen und würfeln Sie den Apfel möglichst fein. Ebenso die Aprikosen klein würfeln und beides unter sie Salatcreme rühren. Nochmals kurz mit Salz und Pfeffer abschmecken und im Kühlschrank bis zum Servieren aufbewahren.
Den Spinat bitte erst relativ kurzfristig vor dem Servieren waschen und putzen, denn die zarten Spinatblätter halten nicht lange durch und werden

schnell labberig. Die groben Stiele dürfen Sie auch entfernen, die schmekken zu holzig. Trocknen Sie die Spinatblätter vorsichtig mit Küchenpapier ab, und geben Sie sie in eine große Salatschüssel.

Anrichten

Kurz vor Beginn Ihres Dinners mischen Sie den Spinatsalat mit der Hälfte der Salatcreme, geben ihn fein halbe-halbe auf zwei große Teller (Glasteller oder Platzteller machen sich übrigens hervorragend) und träufeln die restliche Salatcreme darüber. Die Mandelsplitter werden in einer kleinen trockenen Pfanne kurz angeröstet, um den Geschmack besser zu entfalten, und zum Schluß über den Salat gestreut. Let's go and enjoy!

Gabriellas secrets:

Den Salat auf keinen Fall vorab mit dem Dressing mischen, die Spinatblätter fallen sonst sehr schnell zusammen und sehen alles andere als knackig frisch aus. Rechnen Sie bitte nicht mehr als fünf bis zehn Min., um den Salat ziehen zu lassen, dann aber husch-husch auf den Tisch! Und seien Sie gewarnt! Diese Vitaminbombe bringt verbrauchte Energien flugs wieder zurück ...

Zwischengericht

Angelhair with Roma Tomatoes and Limes

Engelshaarspaghetti mit Roma-Tomaten und Limetten

Die Zutaten:

200 g	Engelshaarspaghetti (Cappellini)
100 g	Romatomaten (Eiertomaten)
1 gr.	Bund Basilikum
1-2	Limetten, ausgepreßt
1 kl.	Zwiebel (Schalotte)
1-2	Knoblauchzehen
	Olivenöl, extra vergine
	Salz
	frischer Pfeffer aus der Mühle
	Muskatnuß, frisch gerieben
	Kochwasser für die Spaghetti

In Kalifornien ist dies mein absolutes Leibgericht. Durch die Limetten schmeckt es wunderbar frisch und leicht, was die kalifornische Küche generell auszeichnet. Auch dieses Gericht ist natürlich ruckizucki zubereitet.

Und los geht's

Waschen und würfeln Sie die Tomaten (den Stielansatz wegschneiden), pressen Sie den Limettensaft aus, und hacken Sie die Basilikumblätter. Die Zwiebel in kleine Würfel schneiden und die Knoblauchzehe feinhacken. Am Abend stellen Sie dann das Wasser für die Spaghetti auf. Das Angelhair braucht nur höchstens vier Min., bis es al dente ist, das Kochwasser allerdings braucht länger, bis es heiß ist. Darum gleichzeitig eine große Pfanne erhitzen. Wenn das Nudelwasser kocht, wird es gesalzen und mit einem kleinen Schuß Öl versehen, dann kleben die Spaghetti nicht zusammen. Lassen Sie die Nudeln ins Wasser flutschen (zwischendurch immer mal kurz umrühren), und geben Sie zeitgleich das Öl in die heiße Pfanne. Zwiebelwürfelchen und Knoblauch dazu, kurz glasig werden lassen und anschließend mit dem Limettensaft ablöschen. Fügen Sie nun die Tomaten hinzu, einmal kräftig umrühren und mit Salz, Pfeffer und Muskatnuß würzen.

Diese Mischung sollte nicht kochen, sondern nur heißgerührt werden, denn die Tomaten sollen möglichst knackig bleiben. Testen Sie zwischen-

durch die Spaghetti auf Bißfestigkeit und gießen Sie sie, wenn Sie zufrieden sind, in ein Sieb ab. Bloß nicht kühl abschrecken, das bringt gar nichts, die Nudeln kühlen dadurch nur ab.
Die abgetropfte Pasta kommt nun in die Pfanne zu den Tomaten, gut verrühren, die Basilikumblättchen unterheben und nochmals abschmecken. Servieren Sie dieses Gericht möglichst sofort, denn sonst garen die Spaghetti in den heißen Tomaten nur weiter und würden alles andere als »al dente«.

Anrichten

Geben Sie jeweils eine Portion auf einen Teller, und garnieren Sie sie mit schönen Basilikumblättern.

Gabriellas secrets:

Für dieses Gericht ist es unerläßlich, daß Sie vollreife Tomaten kaufen. Sie sollen zwar noch fest sein, aber am wichtigsten ist der ausgereifte Geschmack. Am besten schnuppern Sie an den Tomaten: Riechen sie nach nichts, halten Sie nach anderen Ausschau. Sollten Sie bei den Eiertomaten kein Glück haben, verwenden Sie Strauchtomaten oder alternativ die aromatischen Cherrytomaten. Die Spaghettisauce soll doch ganz nach kalifornischer Sonne schmecken und nicht nach Holland.

Hauptgang

Scallop Brochettes with Relish

Spieße von Jakobsmuscheln mit Relish

Die Zutaten:

Muschelspieße:

1 Knoblauchzehe
1 EL Zitronensaft
etwas abgeriebene Schale einer unbehandelten Zitrone
1 EL Olivenöl, kaltgepreßt
1 TL Sour Shrimps Paste (aus dem Asien-Laden)
Salz
schwarzer Pfeffer aus der Mühle
10 kl. Jakobsmuscheln, ausgelöst
2 Schaschlikspieße

Relish:

20 g Mandelstifte
1 Frühlingszwiebel
1 kl. Knoblauchzehe
1/2 Chilischote
1/2 Bund Petersilie
20 g Rosinen
3 EL Zitronensaft
Salz
schwarzer Pfeffer aus der Mühle
3 EL Olivenöl, kaltgepreßt

Beilage:

Ciabatta (italienisches Brot)
oder anderes Weißbrot

Scallops werden in Kalifornien viel öfter gegessen als bei uns in Deutschland. Die Jakobsmuscheln sind ein wahrhaft zärtliches Vergnügen, wenn Sie darauf achten, daß sie außen nicht hart werden, bevor sie innen weich sind. Manchmal ist es eben kompliziert mit dem Timing, so wie im richtigen Leben ...
Bei diesem Rezept können Sie sich getrost auf mich verlassen, die Zeitangaben sind bis ins Detail ausgetestet und der unvergleichliche Geschmack bringt Sie dem Herzen Ihrer Geliebten ein gutes Stück näher, versprochen!

Und los geht's

Für die Muschelmarinade schälen und hacken Sie zuerst den Knoblauch fein, geben ihn dann zusammen mit dem Zitronensaft, der Zitronenschale, dem Öl, der Shrimps-Paste und ein wenig Salz und Pfeffer in eine Schüssel und verrühren alles miteinander. Die Muscheln werden nun kalt abgespült, mit Küchenpapier trockengetupft und dann in die Marinade eingelegt. Lassen Sie die Jakobsmuscheln nun mindestens eine Stunde, unter mehrmaligem Wenden, im Kühlschrank ziehen.

Inzwischen können Sie schon mal das Relish vorbereiten: Die Mandeln in einer trockenen Pfanne goldbraun rösten, damit sie ihr ganzes Aroma entfalten. Aus der Pfanne nehmen und abkühlen lassen. Nun können Sie schon mal die Frühlingszwiebel waschen, putzen und fein hacken. Ebenso werden der Knoblauch geschält und fein gewürfelt und die Chilischote gewaschen, entkernt und kleingeschnitten. Auch die Petersilie wird nach dem Waschen klitzeklein gehackt. Diese Zutaten in einer Schüssel vermischen und nun noch die Rosinen, Zitronensaft, Salz und Pfeffer hinzugeben und verrühren. Anschließend das Olivenöl gründlich unterrühren und die gerösteten Mandeln zugeben. Probieren Sie die Mischung doch mal, wenn Sie meinen, sie wäre noch nicht scharf genug, dann heizen Sie noch mal nach. Pikant sollte es schon schmecken.

Für den Notfall ist es übrigens gut zu wissen, daß Chilischärfe nicht wasserlöslich ist, d. h.: Ein Glas Wasser bringt zum Löschen gar nichts, es muß schon etwas Fetthaltiges sein. Milch oder Sahne helfen am besten, sollten Sie zu mutig gewesen sein!

Weiter im Takt: Jetzt alles kühl stellen, und am Abend geht's dann an die Spieße. Sie können selbst entscheiden, ob Sie den Gartengrill, den Elektrogrill oder den Backofengrill anwerfen. Wichtig ist, daß Sie schon mal gut vorheizen. Die marinierten Muscheln kurz abtropfen lassen und dann quer auf die Spieße reihen. Von jeder Seite ca. vier Min. grillen und zwischendurch vorsichtig wenden.

Anrichten

Während die Spieße grillen, richten Sie schon mal das Relish auf den Tellern an. Die Spieße legen Sie dann seitlich an. Bestreuen Sie diese Leckereien mit frischer Petersilie, und servieren Sie sofort, denn lauwarm werden die Muscheln knatschig und schmecken nicht mehr halb so gut.

Gabriellas secrets:

Achten Sie unbedingt darauf, daß genügend Abstand zwischen der Grillhitze und den Muscheln besteht. So sorgen Sie dafür, daß das zarte Muschelfleisch auch zart bleibt. Genauso wichtig ist es, daß die Muscheln nicht im Saft liegen (die tropfen nämlich ohne Ende), sonst werden sie zäh. Also bitte während des Grillens nicht auf Alufolie legen. Wenn Sie im Backofen grillen, schieben Sie ein Blech unter den Grillrost, um den austretenden Saft aufzufangen.

In Kalifornien werden übrigens nur die weißen Teile der Muscheln verwendet, Sie können den orangefarbenen Corail (Rogensack) aber auch mit aufspießen, er schmeckt genauso köstlich.

Dessert

Pink Grapefruit Sorbet with Tequila

Rosa Grapefruit-Sorbet mit Tequila

Die Zutaten

4 rosa Grapefruits, gepreßt (ca. 2 Tassen frischer Fruchtsaft)
1 rosa Grapefruit, in Schnitze geschnitten und filetiert
5 EL Tequila
1 geh. EL feiner Zucker
4 Körner roter Pfeffer

Zur Deko:
frische Minzeblättchen

Dieses Eis schmeckt ausgesprochen frisch und paßt hervorragend zum Abschluß eines sonnigen California-Menüs. Ganz nebenbei ist es – wie sollte es auch anders sein, ich wiederhole mich gerne – spielend einfach zuzubereiten.
Ich empfehle Ihnen, dieses Sorbet zuerst, vor allen anderen Speisen, zuzubereiten, sonst laufen Sie Gefahr, daß es eventuell nicht rechtzeitig gefroren ist.

Und los geht's

Pressen Sie die Grapefruits mit einer Zitronenpresse aus. Sie benötigen etwa 2 Tassen Saft. Dieser kommt mit dem Zucker und dem Tequila in einen Mixer. Einmal kräftig durchmischen und anschließend in eine Schüssel füllen und ins Gefrierfach stellen. Eigentlich war's das auch schon, denn nun brauchen Sie das Ganze nur ab und zu mal durchzurühren, um die sich bildenden Eiskristalle zu brechen.
Ich gebe die halbgefrorene Masse zwischendurch so zwei- bis dreimal in den Mixer zurück und lasse sie auf diese Weise immer cremiger werden. Beim letzten Mal streue ich die roten Pfefferkörner hinzu und lasse das Sorbet dann in Ruhe fest werden.
Auch die Grapefruitfilets können Sie schon vorab schneiden. Schälen Sie die Grapefruit, und befreien Sie die einzelnen Schnitze von den Häutchen. Heben Sie die Grapefruitfilets zugedeckt im Kühlschrank auf.

Anrichten

Am Abend richten Sie die Fruchtfilets wie einen kleinen Fächer auf schönen großen Tellern an und geben jeweils zwei Kugeln des Sorbets an den Rand. Plazieren Sie darauf die Minzeblättchen, und schon haben Sie sich ein weiteres Kompliment verdient. Alles, was nun folgt, meine Lieben, wird für Sie ein Leichtes sein, denn nach diesem ausgesprochen extravaganten Menü wird sich Ihre Göttin sicher bei Ihnen bedanken wollen. Think big, my dear!

Gabriellas: secrets:

Sollten Sie keine pinkfarbenen Grapefruits bekommen, geht es natürlich auch mit den normalen gelben. Versuchen Sie aber möglichst, pinkfarbene zu finden, denn die sind meistens ein wenig süßer als ihre gelben Verwandten, und das Sorbet bekommt durch sie eine irre Farbe.

Eiskugelformer gibt es übrigens in jedem Kaufhaus in der Haushaltsabteilung. Sollten Sie dennoch keinen finden, tut's auch ein biederer Eßlöffel. Setzen Sie die Löffelspitze am inneren Rand der Schüssel an, und schaben Sie kräftig über das Sorbet, bis ein annähernd kugelförmiges Etwas entsteht. Wenn Sie den Löffel vorher unter heißes Wasser gehalten haben, geht's noch leichter. Das gilt auch für den Eiskugelformer.

Einkaufsliste

Fleisch/Fisch:

10 kl. Jakobsmuscheln, ausgelöst

Gemüse/Obst:

125 g junger Blattspinat
100 g Roma-Tomaten (Eiertomaten)
1-2 Limetten
1 gr. Bund Basilikum
1 Schalotte (milde Zwiebelsorte)
Knoblauch
1 kl. St. Ingwer
1 kl. Apfel (milde Sorte)
1 gr. unbehandelte Zitrone
1 Frühlingszwiebel
1 Chilischote
½ Bund Petersilie
5 rosa Grapefruits

Zur Deko:

- frische Minzeblättchen

Feinkost/Supermarkt:

- Engelshaarspaghetti (Cappellini)
- Weißweinessig
- getrocknete Aprikosen
- Rosinen
- Mandelstifte
- roter Pfeffer
- Sour Shrimps Paste (vom Thai-Laden)
- Ciabatta oder anderes Weißbrot
- trockener Weißwein (oder Gemüsebrühe)
- Tequila

Getränke:

- Wein, Wasser, Cocktailzutaten

Was Sie wahrscheinlich im Haus haben:

- Salz
- schwarzer Pfeffer aus der Mühle
- Currypulver
- Zucker
- neutrales Öl
- Olivenöl, extra vergine
- Muskatnuß
- Schaschlikspieße

Sunset at the beach:
Kreolisches Menü

(Fortgeschrittenen-Kochkurs)

VORSPEISE

Karibischer Mango-Tomaten-Zwiebel-Salat mit Limettendressing

ZWISCHENGERICHT

Spinat-Bananen-Röllchen mit Zwiebel-Chutney

HAUPTGANG

Gegrilltes Jerkhähnchen

DESSERT

Tropischer Fruchtsalat mit Guaven

Das sanfte Plätschern von Wellen, die an einen Sandstrand rollen, das Rauschen der Palmen in der lauwarmen Brise des Sommerwindes, der Duft von frisch gegrillten würzigen Speisen, der Ihnen ums Näschen weht ... sind das nicht Erinnerungen, die Ferienstimmung wachrufen?
Begeben Sie sich mit mir auf die Suche nach dem verlorenen Paradies. Träumen wir uns dahin, wo sonst nur Bacardi-Models sich die Sonne auf die Astralkörper scheinen lassen.
Verführung auf karibisch, Ethno-Food ist Trend. Wild, exotisch und frisch sind die Gerichte, die Ihrer Insel-Königin vor Verzückung die Schweißperlen auf die Stirn treiben werden.
Was zur Abkühlung auf keinen Fall fehlen darf: das verheißungsvolle Klimpern von Eiswürfeln im Glas, denn Eis macht heiß! Jamaikas Traumkulisse grüßt mit einer spicy Sommernacht der Leidenschaft.

Ihre Koch-Qualifikation:

Sie haben sich schon mal an einfache Rezepte rangetraut, möchten aber gerne etwas Neues, Peppiges austesten? Sie lieben ein natürliches, ungekünsteltes Essen mit exotischem Flair? Sie kümmern sich lieber um Ihre Strandschönheit, als den ganzen Abend am Herd zu schwitzen? Dann habe ich hier das richtige für Sie!
Geniale Zutaten, feine tropische Leckereien, sinnliche Gerüche! Lassen Sie sich inspirieren, denn ich entführe Sie mit einzigartigen Geschmackserlebnissen mitten in die Inselwelt der Karibik.

Welche Frauentypen stehen auf dieses Menü?

Stellen Sie vorab sicher, daß Ihre Holde nicht mit einer Knoblauchallergie geschlagen ist oder eine Zwiebelabneigung hegt, denn sonst wird Ihre Mühe sich nicht auszahlen.
Aufgeschlossene Frauen mit Sinn für Überraschungen lieben diese exotischen Verführungen und die feurige Küche.
Neugierige Ladies, die gerne mal über den Tellerrand schauen, offen sind für Originelles und nicht unbedingt die »Kenn ich nicht – eß ich nicht« – Mentalität zu eigen haben.
Unzickige Mädels, die sich nicht zu schick sind, vielleicht mal das Besteck zur Seite zu legen und lustvoll mit beiden Händen zuzugreifen.

Vorspeise

Karibischer Mango-Tomaten-Zwiebel-Salat mit Limettendressing

Die Zutaten

1	feste, nicht ganz reife Mango
1 gr.	Fleischtomate (oder 2 kleinere), in Scheiben geschnitten
½	Salatgurke, geschält und in dünne Scheiben geschnitten
½ kl.	rote Zwiebel, in Ringe geschnitten
1 TL	Chilisauce, Schärfe je nach Geschmack
2 EL	Sonnenblumenöl
1 EL	Limettensaft
1	Knoblauchzehe, feingehackt
½ TL	Palmzucker (altern. Rohrzucker)
	Salz
	schwarzer Pfeffer aus der Mühle
2 TL	zerkleinerter Schnittlauch für das Dressing
10	Schnittlauchhalme und 2 Blüten zum Dekorieren

Diese Vorspeise schmeckt ganz nach Sonnenuntergang am Meer und ist fantastisch leicht. Nicht nur im Geschmack, sondern auch in der Zubereitung. Wer wird sich denn überanstrengen wollen ...
Sollten Sie sich am Zwiebel- bzw. Knoblauchgeschmack oder vielmehr an dem nachfolgenden Geruch sehr stören, können Sie diese Zutaten natürlich reduzieren oder notfalls auch weglassen. Allerdings geben diese Gewächse dem Salat den nötigen »Groove«. Wahrscheinlich wird es Ihnen und Ihrer Geliebten aber kaum auffallen, denn Sie essen ja beide davon.

Und los geht's: Schneiden Sie auf beiden Seiten des Mangokerns je zwei dicke Scheiben Fruchtfleisch ab. Nun zerteilen Sie die Hälften in Streifen bzw. Spalten und schälen diese anschließend vorsichtig, damit die zarten Stücke ihre Form behalten. Die Mango ist eben wie eine Frau zu behandeln: nie zu fest drücken ...
Richten Sie jetzt auf zwei großen flachen Tellern zuerst die Tomatenscheiben in einem großen Kreis an. Nun die Gurkenscheiben in einem kleineren Kreis obenauf legen und darüber die Mangospalten sternförmig verteilen. Die Schnittlauchhalme kommen nun in die Ritzen der Tomaten und dürfen ruhig bis zum Tellerrand rausschauen. Auf dieses Kunstwerk geben Sie noch die Zwiebelringe.
Die Teller ab in den Kühlschrank und bis zum Abend kühl stellen.

Für das Dressing Öl, Limettensaft, Knoblauch, Chilisauce, Salz und Pfeffer mit einem Mixer verquirlen und erst am Schluß den Zucker je nach Geschmack zugeben. Erneut gut mischen, bis sich der Zucker aufgelöst hat. Gut abschmecken, denn das Dressing gibt dem Salat die Würze.

Anrichten

Nun brauchen Sie vor dem Servieren nur noch das Dressing über den Salat zu träufeln und das Ganze mit dem kleingeschnittenen Schnittlauch zu garnieren.
Das karibische Flair dieser Kreation unterstreichen Sie noch, wenn Sie den Tellerrand jeweils mit einer kleinen Blüte dekorieren.

Gabriellas secrets:

Noch nicht ganz reife Mangos besitzen eine ganz milde Süße, die sensationell zu den Tomaten paßt. Außerdem sind die Scheiben noch ein wenig knackiger und werden beim Verarbeiten nicht matschig.

Zwischengericht

Spinat-Bananen-Röllchen mit Zwiebel-Chutney

Die Zutaten:

3 kl.	Kochbananen, reif, aber noch fest (ca. 15 cm lang)
etwas	Pflanzenöl zum Braten
2 EL	Butter oder Ghee (geklärte Butter)
1 kl.	Zwiebel, feingehackt
1	Knoblauchzehe, feingehackt
350 g	frischer Blattspinat, zerkleinert, ohne die dicken Stiele
1	gute Pr. Muskatnuß
1	frisches Ei, verquirlt
etwas	Vollkornmehl zum Bestäuben
	Salz
	schwarzer Pfeffer aus der Mühle
	Zahnstocher

Zwiebelchutney:

2 gr.	Zwiebeln, gewürfelt
1 TL	frischer Ingwer, gewürfelt
1	getrocknete rote Chili
2	Lorbeerblätter
3	Nelken
1/2 TL	Fenchelsamen
1/2 TL	Kreuzkümmel
3 cm	Zimtrinde
2-3 EL	Palmessig oder Apfelessig
1/2 Tasse	Weißwein
1/2 Tasse	Wasser
2 EL	Zucker

Sie beginnen mit dem Chutney, das Sie schon am Nachmittag oder sogar schon am Vortag zubereiten können. Die Mengenangaben sind ein wenig größer, als Sie für diesen Abend benötigen werden, aber für weniger loht sich der Aufstand nicht, und das Chutney ist im Kühlschrank lange haltbar. Die Fauleren unter Ihnen dürfen auch gerne im Feinkostladen ein fertiges Chutney kaufen, das tut dem Gericht keinen Abbruch. Übrigens ist die Zubereitung ähnlich der des Auberginenchutneys im indischen Menü, die Basis ist die gleiche.

Und los geht's

Die Zwiebel zuerst in Würfel schneiden. Am einfachsten geht das nach dem Scheiben-Streifen-Würfel-Prinzip (siehe unter secrets).
Jetzt rösten Sie alle trockenen Gewürze (Chili, Lorbeerblätter, Nelken, Fenchelsamen, Kümmelsamen und Zimt) in einem Topf ohne Zugabe von Öl hell an. Hier müssen Sie verdammt aufpassen: Die Gewürzmischung darf keine Farbe bekommen, sonst wird die ganze Pracht völlig bitter.
Nun geben Sie Wein und Essig hinzu und kochen alles einmal auf, damit die unangenehme Säure verschwindet. Dazu kommen Wasser und Zucker und anschließend die Zwiebelwürfelchen. Ca. zwei bis drei Min. köcheln lassen, und schon ist Ihr Chutney fertig. Füllen Sie es noch heiß in kleine Einmachgläser, und lassen Sie es abkühlen. Am Abend entnehmen Sie nur soviel, wie Sie gerade mögen, der Rest hält sich im Kühlschrank ewig und drei Tage und schmeckt zu Fleisch, Geflügel und Fisch umwerfend! Auch als kleines Geschenk macht sich so ein Gläschen sensationell.

Nun zu den Spinat-Bananen-Röllchen: Auch diese können Sie super vorbereiten, dann brauchen Sie sie am Abend nur noch zu fritieren.
Das Wichtigste ist, die Kochbananen der Länge nach in ca. zwei bis drei mm feine Scheiben zu schneiden. Dazu benötigen Sie ein scharfes Messer und ein wenig Fingerspitzengefühl. Aus einer Banane gewinnen Sie mit etwas Glück vier Scheibchen. Perfekt ist es, wenn die Bananen ca. 15 cm lang sind, dann können Sie später einfacher Röllchen formen. Etwas Pflanzenöl in einer großen Pfanne erhitzen, und die Bananenscheiben auf beiden Seiten braten, bis sie leicht goldbraun, aber nicht durchgebacken sind. Die Bananen auf Küchenkrepp gut abtropfen lassen und das Öl aufbewahren.
Die Butter oder das Ghee in einem Topf zerlassen, und die Zwiebeln und den Knoblauch glasig braten. Spinat, genügend Salz, Pfeffer und Muskatnuß hinzugeben und alles zusammen zugedeckt ca. fünf Min. köcheln lassen, bis der Spinat zusammengefallen ist. Abkühlen lassen, dann in ein Sieb geben und die überschüssige Flüssigkeit herauspressen. Nochmals pikant abschmecken, denn durch den Flüssigkeitsverlust gehen oft auch die Gewürze flöten und der Spinat schmeckt dann langweilig.
Anschließend die Bananenscheiben zu Ringen aufrollen, mit den Zahnstochern an den Enden feststecken und so zusammenhalten. Jeden Bananenring mit etwas Spinatmischung füllen.
Am Abend beim Zubereiten dann das verquirlte Ei in eine kleine Schüssel geben und das Mehl auf einen Teller. Das Öl wieder in der Pfanne erhitzen und wenn nötig nochmals etwas zusätzliches Öl dazugeben. Die Röllchen nun erst im Ei, dann im Mehl wenden, kurz abklopfen und auf beiden Seiten jeweils ein bis zwei Min. goldbraun braten. Die fertigen Röllchen nochmals auf Küchenkrepp abtropfen lassen. Sie wissen ja, man spart Kalorien, wo man kann ...

Anrichten

Die Bananenröllchen heiß oder, falls Sie mögen, auch kalt zusammen mit dem Chutney auf zwei Tellern arrangieren und genießen.

Gabriellas secrets:

Das Scheiben-Streifen-Würfel-Prinzip ist einfach, aber ungemein hilfreich, und geht folgendermaßen: Erst alles in Scheiben schneiden, dann in Streifen und anschließend in Würfelchen. So geht's am schnellsten und vor allem am gleichmäßigsten. Sieht übrigens ungemein professionell aus.
Und noch ein Tip: Wenn Sie die Chutney-Gläser nach dem Verschließen auf den Deckel stellen, erhöht das die Haltbarkeit immens. Durch das Umdrehen entweicht die Luft aus dem Glas, und es entsteht ein Vakuum, das den Inhalt konserviert.
Ghee (geklärte Butter) wird hauptsächlich in der indischen und arabischen Küche verwendet. Sie können es entweder im Asien-Laden fertig kaufen oder selbst herstellen. Dazu Butter in einem Topf zerlassen und dann die Milchbestandteile (das sind diese kleinen weißen Flocken) mit einem Löffel oder einer Kelle abschöpfen. Ghee schmeckt süßlicher als Butter.

Hauptgang

Gegrilltes Jerkhähnchen

Die Zutaten:

2 gr.	Hähnchenkeulen
	Speiseöl zum Bestreichen
	Marinade:
1 TL	gemahlenes Piment
1 TL	Zimtpulver
1 TL	frischer Thymian
½ TL	frisch geriebene Muskatnuß
1 TL	Palmzucker oder Rohrzucker
1	Knoblauchzehe
1 TL	Zwiebeln, feingehackt
1 EL	Frühlingszwiebel, feingehackt
1 EL	Essig
2 EL	Speiseöl
1 EL	Limettensaft
1	rote Chili, feingehackt
1 TL	Chilisauce
reichlich	Salz
viel	schwarzer Pfeffer aus der Mühle
	Beilage:
½	Friséesalat
	frisches Koriandergrün
1	Limette
	Pflanzenöl

Jerk bezeichnet die Mischung aus Kräutern und Gewürzen, die wortwörtlich in das Fleisch hineingerieben wird, bevor man es ganz nach jamaikanischer Tradition auf mit Pfeffer bestreuter Holzkohle grillt. So bekommt es den unverwechselbar typischen, intensiven Grill-Geschmack. Sollte Ihr Karibik-Dinner nun ausnahmsweise mal nicht bei tropischen Temperaturen stattfinden und auch der Holzkohlegrill gerade Urlaub machen, haben Sie immer noch den guten alten Backofengrill als Ausweichmöglichkeit.

Und los geht's

Alle Zutaten für die Marinade in eine Schüssel geben, mit einer Gabel vermischen und zerdrücken, bis ein dicker Brei entsteht. Falls Sie einen Mörser besitzen, geht das darin am leichtesten.

Die Hähnchenteile waschen, trockentupfen und auf ein Holzbrett oder eine Platte legen. Mit einem scharfen Messer der Länge nach an mehreren Stellen einschneiden. Die Marinade überall gut einreiben, insbesondere an den Einschnitten.
Legen Sie die Hähnchenkeulen nun in ein Gefäß, und bedecken Sie es mit Klarsichtfolie. Dann das Geflügel am besten über Nacht, jedoch auf jeden Fall mehrere Stunden im Kühlschrank marinieren. Wenn möglich, öfter mal zwischendurch wenden.
Am Abend die Hähnchenteile aus der Marinade nehmen und ein wenig abschütteln, dann mit Öl bestreichen und auf ein Backblech, besser noch auf einen Grillrost legen.
Im vorgeheizten Backofen bei Grillbetrieb auf mittlerer Schiene ca. 45-55 Min. lang grillen und oft wenden. Grillen Sie auf Holzkohle, so brauchen Sie nur etwa 30 Min. einzurechnen.
Während die Hähnchenteile brutzeln, den Friséesalat in seine Einzelteile zerlegen, waschen und trockentupfen. Dann die Blätter kleinzupfen.

Anrichten

Den Friséesalat in der Mitte der Teller verteilen, jeweils eine Limettenhälfte darüber ausdrücken, mit Öl beträufeln und das Koriandergrün abzupfen und darauf verteilen. Am Schluß die Hähnchenkeulen heiß obendrauf legen und servieren.

Gabriellas secrets:

Das beste und schmackhafteste Ergebnis erzielen Sie, wenn Sie das Hähnchen schon am Abend vorher marinieren. Das schmackhafte Resultat wird Sie dafür entlohnen. Wenn Sie einen Holzkohle-Grill besitzen, überlegen Sie sich doch wirklich, ob Sie ihn nicht vielleicht auf dem Balkon anheizen. Bestreuen Sie die Kohle mit Pfeffer und/oder mit aromatischen Kräutern wie z. B. Lorbeerblättern. Sie werden sich wundern, was das ausmacht! Sie müssen ja nicht zwingend auch draußen essen, wenn es das Wetter nicht zuläßt, jedoch wird Madame sich für Ihren Einsatz sicherlich gebührend bedanken.

Übrigens: Zum karibischen Flair paßt ganz wunderbar eine spätere Massage mit feinstem Kokosöl. (Gibt's in gut sortierten Parfümerien und Bioläden).

Dessert

Tropischer Fruchtsalat mit Guaven

Die Zutaten:

½	Ananas
200 g	Guavenhälften aus der Dose im Saft
1	Banane
1	kleine Mango
60 g	kandierter Ingwer
60 ml	dicke Kokosmilch
1 TL	Rohrzucker
etwas	frisch geriebene Muskatnuß

Evtl. einige frische Kokosnußstreifen zum Dekorieren (soweit im Handel erhältlich)

Dieser Fruchtsalat schmeckt vorzüglich und vor allem ganz anders, als man erwartet, weil exotische Zutaten und Gewürze Ihren Gaumen auf Inseltour schicken.

Und los geht's

Die Ananas halbieren und eine Hälfte schälen (die andere Hälfte fürs Frühstück aufbewahren). Das Fruchtfleisch würfeln (dabei den holzigen Strunk in der Mitte entfernen) und in eine Schüssel geben. Die Guaven abtropfen lassen, kleinschneiden und den Saft aufbewahren. Bananen in Scheiben schneiden, Mango aufschneiden, entkernen, schälen und würfeln. Nun die Guaven- und Mangowürfel zusammen mit der Hälfte der Bananenscheiben zur Ananas geben und vermischen. Die andere Hälfte der Banane wird für die Sauce verwendet! Den kandierten Ingwer würfeln und hinzugeben.
Jetzt benötigen Sie einen Mixer oder eine Küchenmaschine: Einen Teil des Guavensaftes, die restlichen Bananenscheiben, die Kokosmilch und den Zucker pürieren und zu einem glatten, cremigen Brei verarbeiten. Eventuell noch ein wenig Guavensaft zugeben, bis die Konsistenz stimmt.

Anrichten

Den Fruchtsalat in zwei schöne Gläser oder Schalen verteilen, und das Püree darübergießen. Der Gag an dieser Nachspeise sind die nun folgenden Gewürze: Mit der geriebenen Muskatnuß und dem Zimtpulver bestäuben und gut kühlen. Schmeckt unglaublich lecker und bildet einen leichten und sehr appetitlichen Abschluß Ihres kreolischen Traummenüs.

Gabriellas secrets:

Wenn Sie es gerne mit mehr Würze und Pepp haben, dann können Sie statt des kandierten Ingwers auch frischen Ingwer benutzen. Diesen dann schälen und klein reiben oder fein würfeln und den Früchten hinzufügen. Ich habe übrigens die bessere Erfahrung mit Guaven aus Dosen gemacht, weil die immer reif und süß sind, was man von frischen nicht immer behaupten kann.

Einkaufsliste

Fleisch/Fisch:
- 2 gr. Hähnchenkeulen

Gemüse/Obst:
- 1 gr. Fleischtomate (oder 2 kleinere)
- 350 g frischer Blattspinat
- 1 Salatgurke
- 1 Friséesalat
- 3 kleine Kochbananen (ca. 15 cm lang)
- 2 Mangos
- 1 Ananas
- 1 Banane
- 2 Limetten
- 1 rote Chili
- 1 St. frischer Ingwer
- 1 Bund Schnittlauch
- • frisches Koriandergrün
- 1 kleine rote Zwiebel
- 3 Zwiebeln
- • Knoblauch
- 1 EL Frühlingszwiebel

Feinkost/Supermarkt:
- 1 Dose Guavenhälften
- 60 g kandierter Ingwer
- 1 Dose dicke Kokosmilch
- • Ghee
- • Palmessig oder Apfelessig
- • Palmzucker/Rohrzucker
- • Chilisauce, Schärfe je nach Geschmack
- 1 frisches Ei
- etwas Vollkornmehl zum Bestäuben
- • Weißwein
- • getrocknete rote Chili
- • Lorbeerblätter
- • Nelken
- • Fenchelsamen
- • Kreuzkümmel
- • Zimtrinde
- • gemahlenes Piment
- • Zimtpulver
- • frischer Thymian

Getränke:
- • Wein, Wasser, Cocktailzutaten

Was Sie wahrscheinlich im Haus haben:
- • Sonnenblumenöl
- • Pflanzenöl/Speiseöl
- • Butter
- • Zucker
- • Essig
- • Salz
- • schwarzer Pfeffer aus der Mühle
- • Muskatnuß
- • Zahnstocher aus Holz

Ein kulinarisches Kamasutra:
Indisches Menü

(Für Könner)

VORSPEISE

Indische Gemüsesuppe à la Klaus Werner Wagner

ZWISCHENGERICHT

Samosa

Gefüllte Pasteten mit Auberginen-Chutney und Minzsauce

HAUPTGANG

Cauliflower Gashi

Kartoffel-Blumenkohl-Curry

DESSERT

Indische Eiscreme

Geheimnisvolle Düfte berauschen Ihren Geist, Aroma-Explosionen erregen sämtliche Sinne ... so schmeckt Erotik pur!
Die indische Küche jongliert mit exotisch-raffinierten Gewürzmischungen wie keine andere. Aufregende Gemüsevariationen wie aus dem Paradies lassen in diesem Menü Fleisch überflüssig werden. Ich präsentiere Ihnen ein Curry, das seinesgleichen sucht!
Samtweich und sinnlich, ist dieses indische Mahl eine Liebeserklärung für sich. Heute wird traditionell verführt. Das Vorspiel: schmackhafte Originalrezepte für kleine, feine lukullische Genüsse.
Besteck ist nicht so wichtig. Gegessen wird am liebsten mit der rechten (!) Hand. Für Europäer mit Berührungsängsten sollten Sie jedoch Löffel und Gabel bereitlegen.
Spätestens nach diesem Menü werden Sie merken, daß Sie sich selbst am anderen Ende der Welt wie zu Hause fühlen können.

Ihre Koch-Qualifikation:

Kochen ist für Sie die reine Lust. Exotische Gewürze sind eine Ihrer ganz großen Leidenschaften. Sie nehmen sich Zeit und Muße, denn Kochkunst ist für Sie ein Hobby, das Sie sehr lieben. Weit entfernt von hektischem Aktivismus genießen Sie es schon, Ihre Zutaten für Ihr Liebesmenü einzukaufen und der Vorfreude aufs Kochen zu frönen. Sie lieben es, gut vorzubereiten, damit Sie am Abend nur noch zu zaubern brauchen. Die Rezepte müssen stimmen, damit Sie sich fallen lassen können und das Gelingen garantiert ist! Wenn Sie sich in all dem wiedererkennen, dann ist das folgende Menü genau das richtige für Sie.

Welche Frauentypen stehen auf dieses Menü

Sinnliche Haremsdamen, die es zu schätzen wissen, wenn ihr Liebhaber sie mit Ausnahme-Köstlichkeiten aus 1001 Nacht verwöhnt. Vegetarisch festgelegte Prinzessinnen, die weder Knoblauch oder Zwiebel abgeneigt sind noch Gewürzdetonationen scheuen.
Exotische Wüstentöchter, deren Augen bei einem erotischen Festessen einen ganz besonders magischen Glanz bekommen und denen solche Genüsse einen außerordentlichen Gaumenkitzel bereiten.

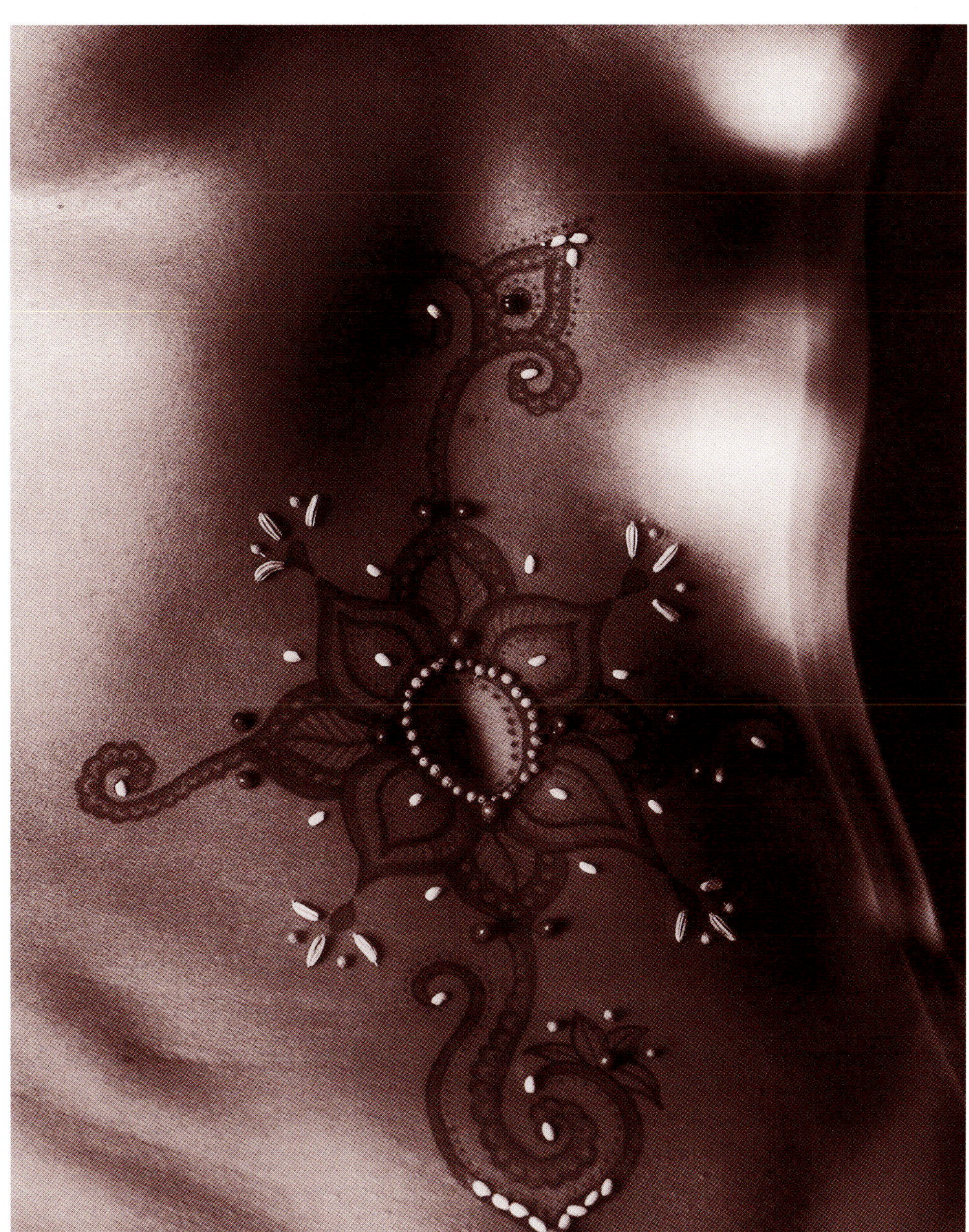

Vorspeise

Indische Gemüsesuppe à la Klaus Werner Wagner

ca. 2	Tassen gemischtes Gemüse, z. B. Zucchini, Aubergine, rote und grüne Paprika
1	Zwiebel
1	Knoblauchzehe
2 cm	frischer Ingwer, geschält und gerieben
2 EL	Kokosmark im Block (altern. können Sie auch Kokosmilch einkochen)
1 EL	Ghee (geklärte Butter) oder altern. Pflanzenöl
1 TL	grüne Currypaste (nach Geschmack und Schärfe auch mehr)
etwas	Limettenschale, gerieben
1 EL	Limettensaft
1 Tasse	Milch
½ Tasse	Wasser
½ Tasse	Joghurt
1	Espressolöffel Speisestärke
1	Schuß Weißwein
1 TL	Garam masala
	Salz

Diese Suppe ist der ideale Auftakt zu Ihrem 1001-Nacht-Menü. Sie bereitet die Sinne auf ein Feuerwerk exotischer Geschmackserlebnisse vor und wird Ihrer Haremsdame schon gleich zu Beginn einen magisch-geheimnisvollen Blick auf Antlitz zaubern.

Und los geht's

Schneiden Sie das Gemüse so klein Sie können, ob Würfel oder Streifen ist wurschtegal, denn später wird es sowieso püriert. Nur klein soll es sein, sonst ist die Garzeit einfach zu lang. Sie benötigen insgesamt etwa 2 Tassen kleingeschnittenes Gemüse.

Jetzt hacken Sie die Zwiebel und den Knoblauch fein und reiben den Ingwer. In einem Topf erhitzen Sie dann bei niedriger Temperatur das Ghee und lassen darin das Kokosmark ganz sanft und vorsichtig schmelzen. Ich warne Sie, das Zeug brennt höllisch schnell an, wenn Sie nicht gut aufpassen. Also immer fein zärtlich erhitzen, so können Sie sich auch ideal schon mal auf den Abend einstimmen.

Wenn das Kokosmark geschmolzen ist, zuerst Knoblauch, Zwiebel und

Ingwer darin anschwitzen und dann die grüne Currypaste dazugeben und kurz anbraten. Anschließend wird das Gemüse darin heiß gerührt. Löschen Sie das Ganze mit dem Wein ab, und lassen Sie es noch mal kurz aufkochen. Dadurch geht die Säure des Weins verloren, was dem Gericht seine feine Geschmacksnote verleiht. Geben Sie nun die Milch, den Joghurt und das Wasser dazu, und erschrecken Sie nicht, wenn Ihre Suppe ausflockt. Das ist ganz normal. Später beim Pürieren bindet sie wieder. Vertrauen Sie mir!
Lassen Sie nun die Gemüsesuppe für ca. zehn Min. sanft köcheln und geben Sie dann den Limettensaft und die Limettenschale hinzu. Danach ist der Zauberstab an der Reihe ... also ich meine den Mixer, mit dem Sie nun die Suppe pürieren. Anschließend durch ein Sieb passieren. Damit keine Mißverständnisse aufkommen, bitte richtig durchdrücken und reiben, nichts übriglassen, keine Reste, keine Beweise, alles kommt in die Supp! Seht Ihr, Jungs, gleichzeitig ein wenig Fitnesstraining für kräftige Oberarme. Soll einer sagen meine Weichkoch-Rezepte seien nicht vielseitig.
Sie werden merken, welch cremige Konsistenz die Suppe durch das Passieren bekommt. Oder vielleicht sind Sie ja auch glücklicher Besitzer einer »Flotten Lotte«, dann wäre diese Ihre perfekte »Passier-Partnerin«. Was Sie sich auch immer einfallen lassen, das Schönste ist, das Sie keinerlei Bindezusätze benötigen, toll nicht wahr?
Jetzt die Suppe noch einmal erhitzen und dann vorsichtig mit Salz abschmecken. Kurz vor dem Servieren geben Sie dann erst das Garam masala dazu, weil diese Gewürzmischung keine langen Hitzeeinwirkungen mag. So, schon fertig, ich wette, Ihre Tischdame wird alles daransetzen, von Ihnen dieses Rezept zu erfahren. Schlagen Sie Ihr doch die Methode von Mata Hari vor, die mit persönlichem Körpereinsatz ihren Job als Spionin immer perfekt erledigte. Von nix kommt nix!

Gabriellas secrets:

Die oben angegebenen Gemüse sind nur Beispiele, sie können genausogut auch Blumenkohl, Erbsen, Tomaten oder andere Sorten nach Lust und Laune verarbeiten. Hauptsache, Sie kommen auf insgesamt 2 Tassen gemischtes Gemüse.
Mein Tip: Kochen Sie gleich größere Mengen, multiplizieren Sie einfach die angegebenen Mengen, und frieren Sie den Rest ein. Wenn Sie die Suppe einmal gekostet haben, wissen Sie, warum ich dies empfehle.
Und schnell mal zwischendurch aufgetaut, kommt die indische Gemüsesuppe als eleganter Snack gerade recht.
Und noch ein Tip: Das Ausflocken der Suppe nach Zugabe von Milch und Joghurt können Sie verhindern, indem Sie den oben angegebenen kleinen Löffel Speisestärke in den Joghurt einrühren.

Zwischengericht

Samosa

Gefüllte Pasteten mit Auberginen-Chutney und Minzsauce

Die Zutaten

Auberginen-Chutney:

1 Aubergine, gewürfelt
1 mittelgr. Zwiebel, gewürfelt
1 TL frischer Ingwer, gewürfelt
trockene Gewürze:
1 getrocknete rote Chili
2 Lorbeerblätter
3 Nelken
1/2 TL Fenchelsamen
1/2 TL Kreuzkümmel (Cumin)
3 cm Zimtrinde
2-3 EL Palmessig oder Apfelessig
1/2 Tasse Weißwein
1/2 Tasse Wasser
2 EL Zucker

Minzsauce:

20 g frische Minzeblättchen
100 g Vollmilchjoghurt
Salz
1/2 TL Kreuzkümmel, gemahlen
1 Pr. Chilipulver

Teig:

150 g Mehl
2 EL Ghee (geklärte Butter) oder Öl
1/2 TL Salz
90 ml Wasser
500 ml Öl zum Fritieren

Füllung:

2 mehligkochende Kartoffeln (etwa 200 g)
1/2 Blumenkohl (etwa 200 g)
1 Stückchen frische Ingwerwurzel (ca. 2 cm)
2 EL Ghee (geklärte Butter)
1/2 TL Kreuzkümmelsamen
1/2 TL schwarzer Kreuzkümmel (Kala Jeera)
1 Pr. Chilipulver
1/2 TL Koriandersaatpulver
1/2 TL Paprikapulver, edelsüß
1/2 TL Salz
50 g Erbsen, tiefgefroren
1/2 TL Garam masala
evtl. etwas Wasser

Diese Pasteten heißen im Original »Samosa« und sind die beliebtesten und berühmtesten aller indischen Snacks. Sie sind zwar ein wenig aufwendig zuzubereiten, schmecken aber unglaublich gut. Diese Leckerei läßt sich am Nachmittag gut vorbereiten. Abends brauchen Sie sie dann nur noch vor den Augen Ihrer indischen Prinzessin zu fritieren.

Beim Auberginen-Chutney empfehle ich, auf Vorrat zu arbeiten. Für eine Zwei-Personen-Portion müßten Sie normalerweise Auberginenachtel einkaufen und Zwiebelzehntel benutzen. Das ist natürlich absurd, außerdem schmeckt dieses Chutney so umwerfend, daß größere Mengen liebevolle Einsatzmöglichkeiten finden. Kleine zauberhafte Ideen zum Weitergebrauch finden Sie unter secrets. Wenn schon, denn schon ...
Ich bereite dieses Chutney meistens schon einen Tag vorher zu, dann kann es noch ein wenig ziehen, und ich hab die Arbeit aus dem Kreuz.

Und los geht's

Beginnen Sie mit dem Auberginen-Chutney. Schneiden Sie zunächst die Auberginen und die Zwiebel in Würfel. Am einfachsten geht das übrigens nach dem Scheiben-Streifen-Würfel-Prinzip!
Danach rösten Sie alle trockenen Gewürze (Chili, Lorbeerblätter, Nelken, Fenchelsamen, Kümmelsamen und Zimt) in einem Topf ohne Zugabe von Öl hell an. Hier müssen Sie verdammt aufpassen: Die Gewürzmischung darf keine Farbe bekommen, sonst wird die ganze Pracht völlig bitter.
Nun geben Sie Wein und Essig hinzu und kochen alles noch einmal auf, damit die unangenehme Säure verschwindet. Dazu kommen Wasser, Zucker und anschließend Auberginen- und Zwiebelwürfelchen. Nach ca. zwei bis drei Min. köcheln ist Ihr Chutney schon fertig, und Sie können es noch heiß in Einmachgläser füllen und dort abkühlen lassen. Am Abend entnehmen Sie nur soviel, wie Sie gerade mögen, der Rest hält sich im Kühlschrank übrigens ewig und schmeckt zu Fleisch, Geflügel und Fisch umwerfend!

Jetzt aber fix an die Minzsauce. Sie ist wirklich ruckzuck zubereitet und paßt zu allen indischen Gerichten hervorragend.
Sie brauchen nur die frische Minze zu waschen und kleinzuhacken und mit allen übrigen Zutaten zu verrühren. Bis zum Servieren kalt stellen. Abends dann mit einigen frischen Minzeblättchen dekorieren.

Als nächstes sind die Samosas dran. Sie beginnen damit, die Kartoffeln zu waschen, zu schälen und in ca. ein cm kleine Stücke zu schneiden. Dann den Blumenkohl waschen und in kleine Röschen zerteilen. Der Ingwer wird nun auch geschält und mit einer Küchenreibe fein gerieben.
Erhitzen Sie nun das Ghee in einem ausreichend großen Topf und braten Sie beide Kreuzkümmelsorten bei mittlerer Hitze etwa eine Min. darin an. Unter ständigem Rühren streuen Sie anschließend alle anderen Gewürze *außer dem Garam masala* (!!!) ein und geben dann erst den Ingwer, die Kartoffeln und den Blumenkohl hinzu. Das Ganze wird nun ca. fünf Min. angebraten, dabei gelegentlich umrühren.
Nun reduzieren Sie die Hitze und lassen das Gemüse für ca. zehn Min. schmoren, bis es weich ist. Dabei dürfen Sie – falls nötig – ein wenig Wasser hinzufügen, aber nur ein bißchen, sonst wird's zu flüssig.
Erst zum Schluß streuen Sie Garam masala und Salz ein und rühren kurz um. Nun die Gemüsemischung in eine Schüssel umfüllen und abkühlen lassen.

Für den Teig alle Zutaten in eine Schüssel geben und ca. 15 Min. kneten, bis er fest, aber noch geschmeidig ist. Danach mit einem feuchten Tuch zudecken und zehn Min. ruhen lassen.
Dann bereiten Sie die Hüllen für die Pasteten zu: Teilen Sie den Teig, und formen Sie aus der Masse vier Kugeln. Auf einem geölten Holzbrett walzen Sie diese Kugeln einzeln mit einem Teigroller zu Fladen von zwölf cm Durchmesser aus. Diesen teilen Sie in der Mitte, so daß Sie acht Halbkreise erhalten.
Die einfachste Methode, um daraus kleine Taschen zu bekommen, ist folgende: Klappen Sie die Halbkreis einmal in der Mitte zusammen, und verschließen Sie die lange, abgerundete Kante fest und sicher mit angefeuchteten Fingern. Jetzt können Sie in die obere Öffnung ca. zwei Teelöffel von der Füllung geben. Dann die Teigtaschen auch oben komplett schließen. So verfahren Sie mit allen Pasteten. Achten Sie bitte wirklich darauf, daß die Taschen gut dicht sind, sonst löst sich die ganze Pracht später beim Fritieren in Wohlgefallen auf.
Am Abend wird das Öl in einem Topf (bitte nicht zu stark) erhitzt, anschließend lassen Sie die Samosas in das heiße Fett gleiten und fritieren sie so lange, bis sie goldgelb sind.
Die Teigtaschen dann aus dem Öl fischen, auf Küchenpapier abtropfen und abfetten lassen.

Anrichten

Auf zwei vorgewärmte Teller setzen und mit dem Auberginen-Chutney und der Minzsauce anrichten.

Gabriellas secrets:

Ich fülle das Magic-Chutney immer in Mini-Einmachgläser und verschenke diese beim Abschied an meine Gäste. Auch als selbstfabriziertes Mitbringsel entfacht so ein Gläschen immer Begeisterungsstürme. Ich könnte mir gut vorstellen, daß so ein kleines Give-away die Erinnerung an Ihr unglaubliches Menü und den dazugehörigen Abend lange wachhält. Schreiben Sie ein liebevolles Etikett, und packen Sie das Glas eventuell in Klarsichtfolie ein. Netter geht's kaum!!!
Wenn Sie nach dem Verschließen die Chutney-Gläser auf den Deckel stellen, erhöht das die Haltbarkeit immens. Durch das Umdrehen entweicht die Luft aus dem Glas, und es entsteht ein Vakuum, durch das der Inhalt konserviert wird.

Hauptgang

Cauliflower Gashi

Kartoffel-Blumenkohl-Curry

Gemüse:

100 g Kartoffeln, geschält und in mittelgroße Stücke geschnitten
200 g Blumenkohl (in mittelgroße Röschen zerteilt)
1 Dose Kokosmilch
4 EL Kokosraspel
5-6 EL Sonnenblumenöl
100 g Zwiebeln, gehackt
250 ml Wasser
selbstgemachte Gewürzemischung
(oder Panch-Foron, siehe unter secrets):
5 getrocknete rote Chilischoten
2 TL Koriandersamen
1/8 TL Senfkörner
1/8 TL Bockshornkleesamen
½ TL Kreuzkümmelsamen
2½ cm Zimtstange
4 Pfefferkörner
2 Nelken

weitere Gewürze:

½ TL Gelbwurz (Kurkuma)
½ TL Paprikapulver
1 geh. TL Tamarinde
1 St. frischer Ingwer (2 x 1 cm groß), feingehackt
4 Knoblauchzehen, feingehackt
1 TL Salz

Beilage:

weißer Reis (Basmati)

Bei diesem wunderbaren Currygericht, das übrigens von der Westküste Indiens stammt, sollten Sie eine Leidenschaft für das Horten von Gewürzen haben, denn sonst ist es Ihnen bestimmt viel zu umständlich, sich alle nötigen Zutaten zu besorgen. Für die Faulen unter Ihnen habe ich bei den secrets einen Alternativ-Tip parat. Die eigentliche Zubereitung dieses Menüs ist total einfach und auch für Nichtprofis easy nachzukochen, wenn Sie sich an mein Rezept halten.

Und los geht's

Bevor Sie beginnen, rate ich Ihnen, alle Gewürze in Reichweite zu stellen und genügend Löffelchen und Schälchen um sich zu horten. Die werden Sie nämlich brauchen. Stellen Sie auch vorab das Wasser für den Reis auf, damit es schon mal heiß werden kann.

Nun in einer beschichteten Pfanne 1 EL Öl erhitzen und die Kokosraspel darin zwei bis drei Min. unter Rühren rösten, aus der Pfanne nehmen und beiseite stellen. Nochmals einen EL Öl in die Pfanne geben und Chilischoten, Koriandersamen, Senfkörner, Bockshornklee- und Kreuzkümmelsamen, Zimtstange, Pfefferkörner und Nelken (oder die Panch-Foron-Mischung) darin eine Min. anbraten. Aus der Pfanne nehmen.
Nun die gerösteten Kokosraspel und die angebratenen Gewürze zusammen mit Gelbwurz, Paprikapulver und Tamarinde in den Mixer geben, 125 ml Wasser dazugeben und zu einer glatten Paste verarbeiten. Das dauert ein bißchen, aber machen Sie hier keine halben Sachen, glatte Paste hab ich gesagt, nicht vorher schwächeln!
Anschließend das restliche Öl in einem Topf erhitzen, Ingwer und Knoblauch darin anbraten, danach die Zwiebel hinzugeben und in vier Min. glasig anschwitzen. Danach die selbstgemachte Gewürzpaste unterrühren und ca. zwei Min. mitschwitzen. Sie sehen schon, dieses Gericht kann nur sinnlich werden, so oft wie hier Zutaten angeschwitzt werden.
Nun ist es Zeit, den Reis ins kochende Wasser flutschen zu lassen.
Geben Sie dann etwas Wasser und die Kartoffelstücke in Ihr Curry, und lassen Sie alles etwa zehn Min. schmoren. Dann etwa 1 TL Salz einstreuen, ca. 125 ml Wasser zugießen und das Ganze zugedeckt weitere sechs bis sieben Min. köcheln lassen.
Als letztes geben Sie die Blumenkohlröschen und die Kokosmilch zu, vermischen sie mit dem Curry und lassen alles nochmals ca. zehn Min. köcheln, bis das Gemüse gar ist.
Dann schmecken Sie nochmals ab, wenn überhaupt, fehlt höchstens ein wenig Salz.

Anrichten

Servieren Sie dieses unglaublich duftende Curry zusammen mit dem Basmatireis auf angewärmten Tellern. Ihre Geliebte wird sowieso zwischenzeitlich von den orientalischen Düften schon leicht besäuselt sein. Die Atmosphäre, Ihr Charme und der Wein tun ihr übriges.
Magisch, magisch! Die erste Nacht aus 1001 ist Ihnen schon sicher, glauben Sie's mir!

Gabriellas secrets:

Sie haben keine Lust, sich die angegebenen Samen und Körner zu besorgen? Kein Problem: Ersetzen Sie die selbstgemachte Gewürzmischung durch eine orientalische Fünf-Gewürze-Fertigmischung, z.B. Panch-Foron aus dem Orient-Shop. Sie benötigen in diesem Fall ca. vier bis fünf TL des Pulvers. Die restlichen Gewürze sollten Sie aber schon besorgen, sonst funktioniert's nicht. Falls gewünscht: Für extra Schärfe sorgen getrocknete Chilis oder etwas mehr Currypaste, die Sie nach Geschmack noch zugeben können.

Dessert

Indische Eiscreme

Zutaten:

1 Liter Vollmilch
2 EL Zucker
Samen von 5 Kardamomkapseln
2 EL gehackte Walnußkerne

Ob Sie's mir nun glauben oder nicht, dieses Eis hat kaum Kalorien! Kann ja jeder sagen, meinen Sie, aber ich kann's beweisen. Kein einziges Tröpfchen Sahne, kaum Fett! Ich bin sicher, daß Ihre Traumfrau mehr als erfreut sein wird, denn irgendwie versuchen wir Mädels doch alle, Kalorien zu sparen, wo's nur geht. Kaum zu glauben, dieses göttlich zartschmelzende Eis dürfen Sie tatsächlich ohne Reue genießen.
Ich empfehle Ihnen, rechtzeitig mit dem Eis zu beginnen, denn das Reduzieren der Milch sowie das Gefrieren braucht doch meistens länger, als man vermutet.

Und los geht's

Gießen Sie die Milch in einen Topf, erhitzen Sie sie langsam, und lassen Sie sie dann bei schwacher Hitze im offenen Topf auf 1/3 reduzieren. Kommen Sie bloß nicht auf die Idee, währenddessen wegzugehen, Milch hat die unvermeidliche Angewohnheit, immer genau dann überzukochen oder anzubrennen, wenn man mal eine Sekunde etwas anderes macht. Also immer schön in Reichweite bleiben.
Nun rühren Sie die Kardarmomsamen und den Zucker ein und halten die Mischung für ca. 20 Min. auf kleinster Stufe warm. Es ist wichtig, daß Sie die Milch nicht mehr weiter einreduzieren, denn es geht darum, den Geschmack des Kardamoms in die Milch übergehen zu lassen.
Im Prinzip war's das schon, jetzt geht's ans freezen:
Füllen Sie diese Mischung in eine zum Tiefgefrieren geeignete flache Form, und lassen Sie erst mal alles auf Zimmertemperatur runterkühlen. Danach kommt die Form in den Tiefkühler bzw. ins Gefrierfach. Jetzt müssen Sie nur noch checken, wann die Flüssigkeit zu gefrieren beginnt, denn dann ist der richtige Zeitpunkt, noch mal gut umzurühren und die gehackten Walnußkerne dazu zu streuen. Anschließend wieder ins Gefrierfach zurückstellen.
Sollten Sie eine Eismaschine besitzen, brauchen Sie sich nach dem Einfüllen um sonst nix mehr zu kümmern. Einfach nach dem Gefrieren im Tiefkühler kalt halten und später servieren.
Wenn das Eis fertig gefroren ist, wird es mit einem Messer in der Form ge-

schnitten. In Scheiben oder Würfel, ganz nach Belieben. Es ist halt mal was anderes, Eis muß ja nicht immer kugelig serviert werden.

Anrichten

Bestäuben Sie den Tellerrand vorab mit Zimt und Puderzucker, und setzen Sie das Eis in die Mitte des Tellers. Wenn Sie mögen, können Sie am Tellerrand noch ein wenig gewürfeltes Trockenobst dekorieren, das gibt dem Ganzen den indischen Touch.

Gabriellas secrets:

Das Eis schmeckt auch ohne Walnüsse schon umwerfend. Sie können es nach eigener Phantasie weiter variieren, indem Sie statt der Nüsse z.B. zerkleinerte frische Früchte zugeben. Sehr geeignet sind auch alle Arten von Trockenfrüchten wie Aprikosen, Pflaumen, Rosinen, Feigen, Datteln usw. Lassen Sie Ihre Phantasie sprühen, probieren Sie einfach ein bißchen rum. Es macht so viel Spaß, selbst kreativ zu werden.

Einkaufsliste

Gemüse/Obst:

- 1 Zucchini
- je 1 rote und grüne Paprika
- 1 Aubergine
- 300 g Kartoffeln
- 400 g Blumenkohl
- 3 Zwiebeln
- 1 St. frischer Ingwer (7 cm)
- Knoblauch
- 1 Limette, ungespritzt
- frische Minze

Feinkost/Supermarkt:

- weißer Reis (Basmati)
- Kokosmark im Block (alternativ können Sie auch Kokosmilch einkochen. In diesem Fall eine zweite Dose kaufen)
- 1 Dose Kokosmilch
- Kokosraspel
- Ghee (geklärte Butter, bei uns meist als Butterschmalz »Butaris« angeboten) oder Pflanzenöl
- 1,5 l Liter Vollmilch
- 2 Vollmilchjoghurt
- Speisestärke

- gehackte Walnußkerne
- 1 Pkg. tiefgefrorene Erbsen
- Palmessig oder Apfelessig
- Weißwein

Gewürze:

- Gelbwurz (Kurkuma)
- Paprikapulver
- Tamarinde
- Kreuzkümmel (Cumin)
- schwarzer Kreuzkümmel (Kala Jeera)
- Chili, gemahlen
- grüne Currypaste
- Garam masala
- Koriandersaatpulver
- getrocknete rote Chili
- Lorbeerblätter
- Nelken
- Fenchelsamen
- Zimtrinde
- Kardamomkapseln
- entweder Panch-Foron (eine fertige Gewürzemischung) oder folgende Gewürze zum Selbstmischen:
- rote Chilischoten
- Koriandersamen
- Senfkörner
- Bockshornkleesamen
- Kreuzkümmelsamen
- Zimtstange
- Pfefferkörner
- Nelken

Getränke:

- Wein, Wasser, Cocktailzutaten

Was Sie wahrscheinlich im Haus haben:

- Salz
- Mehl
- Öl zum Fritieren
- Sonnenblumenöl
- Zucker

East meets West:
Japanisches Menü

(Für noch größere Könner)

VORSPEISE

Misosuppe mit Shiitake-Pilzen

ZWISCHENGERICHT

Ahi-Thunfisch auf Soba-Nudeln

HAUPTGANG

Rindersteak in Sesam-Marinade mit grünen Bohnen

DESSERT

Frische Orangen mit Rosensirup

Das Styling ist klar, pur, ohne Schnickschnack. Das Ergebnis ist erfrischend leicht, mit garantiertem Fernweharoma. Die Ingredienzien sind edel, von höchster Qualität und Frische. Die japanische Küche, von der wir uns einiges abgucken können, gilt als die gesündeste der Welt. Das Wichtigste aber: Sie konzentriert sich aufs Wesentliche – auf das edle Produkt mit seinem Eigengeschmack.
Ihre Geisha wird fast von ganz allein mandeläugig werden und Ihnen scharf wie Wasabi vor die Füße sinken. Es liegt in Ihren Könnerhänden!

Ihre Koch-Qualifikation:

Sie trauen sich, zurückhaltende Eleganz und Ästhetik zu zelebrieren?
Und sind so frei und kippen einfach einen Schuß Pflaumenwein in den Wok, wenn Ihnen danach ist? Dann ist dieses Menü goldrichtig für Sie, denn hier brauchen Sie in erster Linie den Mut und Stil eines Puristen. Was nicht heißt, daß Sie auf Geschmack verzichten sollen. Den bekommen Sie nämlich reichlich, denn die Zutaten sind ausgewählt, und die Zubereitung ist raffiniert. Schlicht das Feinste vom Feinen!

Welche Frauentypen stehen auf dieses Menü?

Moderne, selbstbewußte Trendsetterinnen, die fit for fun wortwörtlich nehmen und Spaß an natürlichen, gesunden Speisen haben.
Neugierige New Age Girls, die gerne rausfinden möchten, was Japan außer Sushi und Sashimi noch zu bieten hat.
Kulinarische Angsthäschen, die sich zwar nie an rohen Fisch trauen würden, aber Ihren Koch- und sonstigen Künsten einfach nicht widerstehen können.

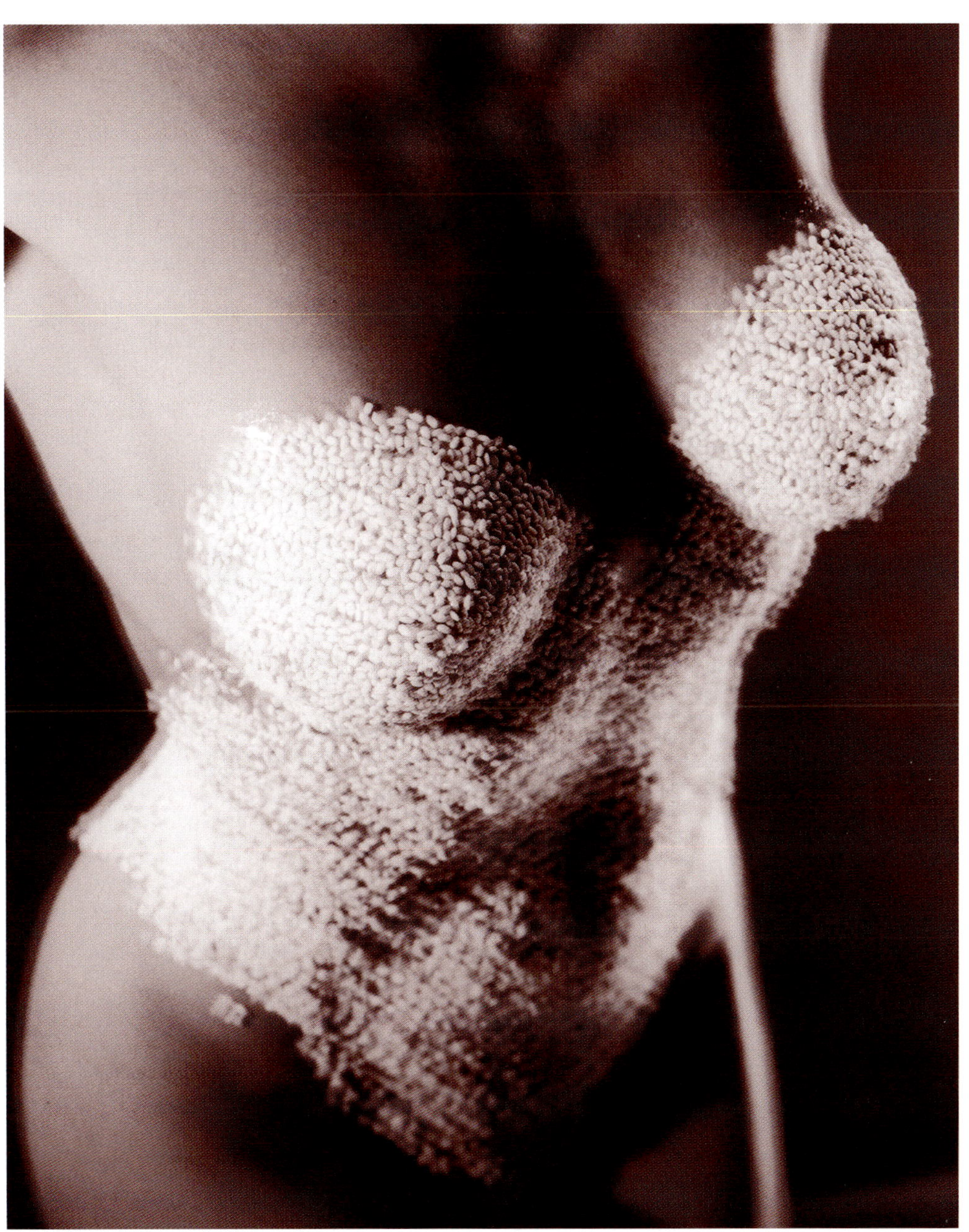

Vorspeise

Misosuppe mit Shiitake-Pilzen

Die Zutaten:

2 gestr. EL	helle Misopaste
1 EL	Sake
2 EL	Pflaumenwein
2 Tassen	Wasser
1TL	Wakame (Algen)
1	frischer Shiitake-Pilz

Wieder einmal ein ganz unerwarteter Geschmack, auch für »eingefischte« Japanfreaks. Diese Geschmacksrichtung weicht schon von den üblichen Misosuppen ab, die Sie beim Japaner serviert bekommen. Aber schließlich ist es ja der Sinn der Sache, mal etwas Besonderes zu bieten, oder?

Und los geht's

Sie beginnen damit, die Wakame-Algen in kaltem Wasser für ca. 1/2 Stunde einzuweichen. Diese kleinen Wunderdinger gehen auf wie verrückt, Sie werden überrascht sein.
Putzen Sie inzwischen den Shiitake-Pilz, und schneiden Sie ihn in feine Streifen.
Dann erhitzen Sie das Wasser, rühren die Misopaste ein und kochen die Flüssigkeit ein wenig ein. Anschließend fügen Sie den Sake und den Pflaumenwein unter Rühren hinzu und lassen die Shiitakestreifen hineingleiten. Dies alles wird noch mal kurz erhitzt, und schon ist die Vorspeise fertig.

Gabriellas secrets:

Natürlich können Sie notfalls auch dunkle Misopaste benutzen, die helle ist aber nicht so salzig, durch sie bekommt die Suppe einen viel feineren Geschmack. Wer möchte, kann die Suppe durch einige Tofuwürfelchen noch etwas reichhaltiger machen. Einfach mit den Pilzen in die Suppe geben.

Zwischengericht

Ahi-Thunfisch auf Soba-Nudeln

Die Zutaten:

300 g	frischer Thunfisch (möglichst Ahi-Thunfisch), Sushiqualität im Sushi-Cut (Block)
	Sojaöl zum Anbraten
	Marinade:
2 EL	Sojaöl
4 EL	Sojasauce
4 EL	Mirin (Kochsake)
1 EL	geröstetes Sesamöl
1 EL	Fischsauce
150 g	Soba-Nudeln (Buchweizennudeln)
	Salz
1 St.	Nori-Algen (ca. 5 g)

Dieses Gericht ist eine der tollsten japanischen Speisen, die ich jemals gegessen habe. Sie werden überrascht sein, wie einzigartig es schmeckt, und Ihre Geisha wird Ihnen danach zu Füßen liegen. Interessanterweise wird der Fisch kalt serviert, dadurch ergänzt er sich mit den heißen Soba-Nudeln aufs feinste.

Und los geht's

Sie beginnen damit, den Thunfisch in zwei gleichgroße Stücke zu schneiden. Einmal kalt abspülen und mit Küchenpapier trockentupfen. Nun erhitzen Sie eine Pfanne und gießen das Sojaöl an. In diesem sehr heißen Öl wird der Fisch nun von allen Seiten je ca. fünf Sek. angebraten. Er soll wirklich nur eine millimeterdünne Kruste bekommen. Innen bleibt er roh, das sieht traumhaft appetitlich aus. Aus der Pfanne nehmen, abkühlen lassen und in eine Schüssel geben.

Nun bereiten Sie die Marinade zu:
Verrühren Sie das Sojaöl mit der Sojasauce, dem Mirin, dem gerösteten Sesamöl und der Fischsauce. Diese Mischung gießen Sie jetzt gleichmäßig über den Fisch und stellen ihn für mindestens zwei Std. zugedeckt in den Kühlschrank, um ihn zu marinieren. Dabei sollten Sie ihn ab und zu wenden, damit er gleichmäßig zieht.
Am Abend stellen Sie leicht gesalzenes Wasser für die Soba-Nudeln auf und garen diese für ca. drei Min. Danach durch ein Sieb abgießen, dabei

ein wenig Kochwasser zurückbehalten. Die Nudeln kurz kalt abbrausen und gut abtropfen lassen. Weichen Sie nun den Nori kurz in dem aufgefangenen Nudelwasser ein, und schneiden Sie ihn in Streifen.
Jetzt nehmen Sie den Thunfisch aus dem Kühlschrank, lassen die Flüssigkeit gut abtropfen und schneiden ihn schräg in Scheiben.

Anrichten

Die Nudeln auf zwei schöne Teller verteilen (schwarz sieht traumhaft aus), die Thunfischscheiben obendrauf anrichten und die Noristreifen darüber streuen. Servieren Sie dazu die Marinade in kleinen Schälchen.
Mit dieser Kreation werden Sie Ihre Geisha ganz sanft auf japanisch verzaubern.

Gabriellas secrets:

Für dieses Gericht ist es wichtig, daß Sie superfrischen Fisch von allerbester Qualität einkaufen, denn der Thunfisch wird nur ganz kurz angebraten. Sie bekommen ihn in Japanläden, wo Sie wahrscheinlich sowieso die restlichen Zutaten einkaufen werden.
Lassen Sie sich ein Stück schon fertig filetiert, im Block geschnitten geben, er wird normalerweise für Sushi bzw. Sashimi benutzt.

Hauptgang

Rindersteak in Sesam-Marinade mit grünen Bohnen

Die Zutaten:

250 g Rinderfilet, in 2 Steaks geschnitten

Marinade:
1 EL japanische weiße Sesamsamen
1 Knoblauchzehe, in kleine Würfelchen geschnitten
2 cm frischer Ingwer, gerieben
1 EL japanische Sojasauce
1 TL Sake
½ TL feiner Zucker

1 EL Öl
zum Garnieren
2 Frühlingszwiebeln

Dip:
2 cm frischer Ingwer
½ TL Shichimi Togarashi (japan. Gewürzmischung)
100 ml japanische Sojasauce
1 TL Dashi Granulat
1 EL Wasser

Bohnen:
250 g zarte grüne Bohnen, geputzt
1 EL japanische weiße Sesamsamen
3 cm frischer Ingwer, gerieben
1 EL japanische Sojasauce
1 TL Mirin
2 TL feiner Zucker
1 TL weiße Sesamsamen, extra

Beilage: weißer Reis

Bei meinen Testkoch-Exkursionen habe ich unzählige japanische Hauptgerichte ausprobiert, jedoch kam dieses bei all meinen Testessern immer mit Abstand am besten an. Vielleicht auch, weil alle dachten, es gäbe nur Sushi, denn dies ist leider meistens noch die landläufige Meinung zur eigentlich sehr vielfältigen und gesunden japanischen Küche.

Und los geht's

Zuerst bereiten Sie die Marinade zu, in welcher die Steaks für mindestens 30 Min. ziehen sollten. Bitte nicht mit dem Dip verwechseln, der wird zusätzlich gemischt und dann zum Dinner gereicht.
Rösten Sie zu Anfang 1 EL weißen Sesam in einer trockenen Pfanne bei mittlerer Hitze für ca. zwei Min. an, bis die Samen vor Freude anfangen zu springen, dabei können Sie die Pfanne ab und zu etwas rütteln. Danach zerstoßen Sie die Samen im Mörser zu einem Pulver. Sehen Sie, Übermut tut selten gut, das haben sie jetzt davon, quetsch!
Nun verrühren Sie in einer separaten Schüssel dieses Sesampulver zusammen mit den restlichen Zutaten für die Marinade: Knoblauch, Ingwer, Sojasauce und Zucker und tun dies so lange, bis sich der Zucker völlig aufgelöst hat. Legen Sie die Steaks nun in eine flache Form, und gießen Sie die Marinade darüber. Zugedeckt ab in den Kühlschrank zum Ziehen und vergessen Sie nicht, ab und zu mal zu wenden, wir wollen ja nicht einseitig werden.
Für den Dip schneiden Sie den Ingwer der Länge nach in superfeine, dün-

ne Streifen und verrühren ihn mit den restlichen Zutaten, nämlich dem Shichimi Togarashi, der Sojasauce, dem Dashi Granulat und dem Wasser. Zum Garnieren sieht es wirklich hübsch aus, wenn Sie die Frühlingszwiebel nicht wie gewohnt in Scheibchen schneiden, sondern sie in kleine kringelige Kunstwerke verwandeln. Dazu verzichten Sie auf das Grün und schneiden nur den hellen Teil der Frühlingszwiebeln der Länge nach in etwa vier cm lange, sehr feine Streifchen. Füllen Sie eine Schüssel mit Eiswasser, geben Sie die Zwiebelstreifchen hinein und warten Sie, bis sie sich kringeln und aufrollen. Das dauert zuweilen ein wenig, manchmal ist das Wasser noch nicht kalt genug. Herausnehmen, abtropfen lassen und später zur Deko verwenden.
Denken Sie abends daran, rechtzeitig den Reis aufzustellen, und bereiten Sie gleichzeitig die Bohnen zu. Geputzt und gewaschen, werden sie in einer Pfanne mit Wasser für zwei Min. gekocht, und dann kommen sie sofort in Eiswasser, um den Garprozeß zu unterbrechen. Schön knackig sollen sie nämlich bleiben. Auf einer Platte anrichten.
Die Sesamsamen werden auch in einer trockenen Pfanne für ca. fünf Min. goldbraun angeröstet und dann im Mörser zerstoßen, bis durch das austretende Öl eine Paste entsteht. Die Sesampaste mit Ingwer, Sojasauce, Mirin und Zucker verrühren und über die Bohnen geben. Mit Sesamsamen bestreuen und bis zur Fertigstellung der Steaks beiseite stellen.
Die Steaks werden am Abend aus der Marinade genommen und dünn mit Öl bepinselt. Nun grillen oder braten Sie sie für ca. vier Min. von jeder Seite an und lassen sie dann noch ca. fünf Min. warm ruhen, damit sich der Saft im Fleisch wieder verteilen kann. Anschließend schneiden Sie die Steaks schräg in diagonale Scheiben auf. Das sieht superprofimäßig aus, und außerdem können Sie es so ganz elegant mit Stäbchen essen.
Das Fleisch auf einer Platte anrichten und ein wenig mit dem Dip beträufeln. Mit den gelockten Frühlingszwiebeln, dem Reis, dem Dip in einem extra Schälchen und den Bohnen servieren.

Gabriellas secrets:

Sie sollten sich für dieses Gericht mit einem Mörser bewaffnen, denn damit lassen sich die Samen am besten zerstoßen. Sollten Sie nicht stolzer Besitzer eines solch herrlichen Küchengerätes sein, haben Sie nun wieder etwas, das Sie auf Ihrem Wunschzettel notieren sollten. Leider hilft uns das nun auch jetzt nicht weiter, und darum sollten Sie eben kreativ werden und sich einer Alternativlösung bedienen: runde Keramikschälchen, Müslibowls, Suppenschalen als Gefäß und dicke abgerundete Griffe von anderen Küchenutensilien wie Teigroller, schwere Messergriffe (vorsichtig) oder kleine (saubere) Flaschenböden helfen über das Manko hinweg.
Übrigens noch etwas am Rande: Japanische Sesamsamen sind dicker und größer als andere Sesamsamen und haben ein volleres Aroma, es lohnt sich, diese im Japan-Laden zu kaufen. Und Frühlingszwiebeln, die Sie vor dem Verarbeiten für zwei Sek. in kochendes Wasser halten, verlieren den unangenehm muffigen Geschmack, das Aroma bleibt selbstverständlich erhalten.

Dessert

Frische Orangen mit Rosensirup

Zutaten:

2	Orangen
3 EL	Zucker
einige	Tropfen Rosenwasser
2	kleine Blüten zur Deko

Auf Nachspeisen liegt bei klassischen japanischen Dinners keine besondere Aufmerksamkeit. Ich bin der Meinung, das lästige Grüntee-Eis schmeckt sowieso niemandem wirklich, und sonstige fritierte Früchtchen könnte man sich auch eher ersparen.
Darum stehe ich auf die traditionellen frischen, saftigen, süßen Orangen.
Sie sind für mich der ideale leichte Abschluss dieses vorzüglichen Verwöhnmenüs, manchmal ist weniger eben mehr. Einzig die interessante Form des Servierens ist etwas Besonderes:

Und los geht's

Teilen Sie die Orangen in der Mitte quer durch, und schneiden Sie an beiden Enden die Kappe bis zum Fruchtfleisch ab, so daß die Orangenhälften stehen können. Nun stellen Sie die Orangenscheibe hochkant vor sich und säbeln mit einem spitzen, scharfen Messer aus allen vier Hälften das Fruchtfleisch aus diesem Ring. Legen Sie dann die Ringe mit der kleineren Öffnung nach unten auf zwei Teller, und verschließen Sie die Öffnung mit der bereits abgeschnittenen Kappe. Vierteln Sie das Orangenfruchtfleisch, und legen Sie es in die selbstgebastelten »Schälchen« hinein. Ab in den Kühlschrank.
Anschließend lassen Sie den Zucker in einer kleinen Pfanne schmelzen und geben einige Tropfen Rosenwasser hinzu. Diese Flüssigkeit träufeln Sie dann abends über die Orangen, legen vielleicht noch jeweils eine kleine zarte Blüte an den Rand und können stolz auf sich sein. Wer kriegt schon ein perfektes japanisches Essen so schmackhaft und, vor allem, so streßlos hin. Sie haben schon recht, Sie sind himmlisch!

Einkaufsliste

Fleisch/Fisch:

- 250 g Rinderfilet, in 2 Steaks geschnitten
- 300 g frischer Thunfisch (möglichst Ahi-Thunfisch), Sushiqualität im Sushi-Cut (Block)

Gemüse/Obst:

- 250 g zarte grüne Bohnen
- Knoblauch
- 7 cm frischer Ingwer
- 2 Frühlingszwiebeln
- 2 Orangen

Feinkost/Supermarkt:

- helle Misopaste
- 150 g Soba-Nudeln (Buchweizennudeln)
- weißer Reis
- Wakame (Algen)
- 1 St. Nori-Algen (ca. 5 g)
- 1 frischer Shiitake-Pilz
- Sojaöl
- japanische Sojasauce
- Dashi Granulat
- Mirin (Kochsake)
- Pflaumenwein
- geröstetes Sesamöl
- Fischsauce
- japanische weiße Sesamsamen
- Shichimi Togarashi (japan. Gewürzmischung)
- Rosenwasser

Getränke:

- Wein, Wasser, Cocktailzutaten

Was Sie wahrscheinlich im Haus haben:

- Salz
- feiner Zucker
- Pfeffer aus der Mühle
- Öl

Pas de deux:
Französisches Menü

(Für Meisterköche)

VORSPEISE

Karamelisierter Chicorée mit Radicchiosalat

ZWISCHENGERICHT

Seezungenröllchen mit Räucherlachsfarce auf Gemüsenudeln mit Weißweinsauce

HAUPTGANG

Maispoulardenbrust an Sauce von rosa Champignons mit Thymiankartoffeln

DESSERT

Mousse au chocolat mit Orangenlikör

Die Sonne sinkt, die Stimmung steigt, die Nacht kann beginnen.
Diese »Jour-de-Food« ist reiner Luxus, brillant zubereitet, spektakulär serviert, so daß es köstlicher kaum denkbar ist. Eröffnen Sie Ihren privaten Gourmettempel, und verführen Sie Ihre Angebetete zu einem kulinarischen *Pas de deux*. Kredenzen Sie überirdische Delikatessen, zubereitet mit Perfektion bis ins Detail und so spektakulär serviert, daß ein zärtlich gehauchtes »Je t'aime« nicht lange auf sich warten lassen wird.

Ihre Koch-Qualifikation:

Ihr momentaner Beruf ist ein reiner Formfehler, denn tief in Ihrem Innern sind Sie Koch mit Leib und Seele. In Ihrem Freundeskreis handelt man Sie als den heimlichen Star der Küchenszene. Sie lieben originelle Kreationen, kreativ gewürzt, kunstvoll zubereitet und liebenswürdig serviert. Dabei haben Sie große Freude an der Gratwanderung zwischen Perfektion und Spontanität. Ihre edlen Menüs sind eine Hommage an das schöne Leben. Zwischen Mondenschein und candlelight reichen Sie »Food Couture«, die anbetungswürdig ist. Denn das ist es, was Sie im Schilde führen: zuerst kulinarisch verzaubern, dann Ihre Künste angemessen bewundern lassen, um zum Dessert gemeinsam Sterne zu schnuppern.

Welche Frauentypen stehen auf dieses Menü?

Genießerinnen par excellence, die sich Ihre Köstlichkeiten mit geschlossenen Augen auf der Zunge zergehen lassen und für die eine Liaison mit Ihnen den Himmel auf Erden bedeutet.
Kunstliebhaberinnen, für die Ihr kulinarisches Stilleben mehr Anziehungskraft hat, als es jeder noch so bedeutende Künstler je erreichen würde.
Verträumte Feinschmeckerinnen, die als Alice im Wunderland daran gewöhnt sind, Catering aus dem Schlaraffenland geliefert zu bekommen.

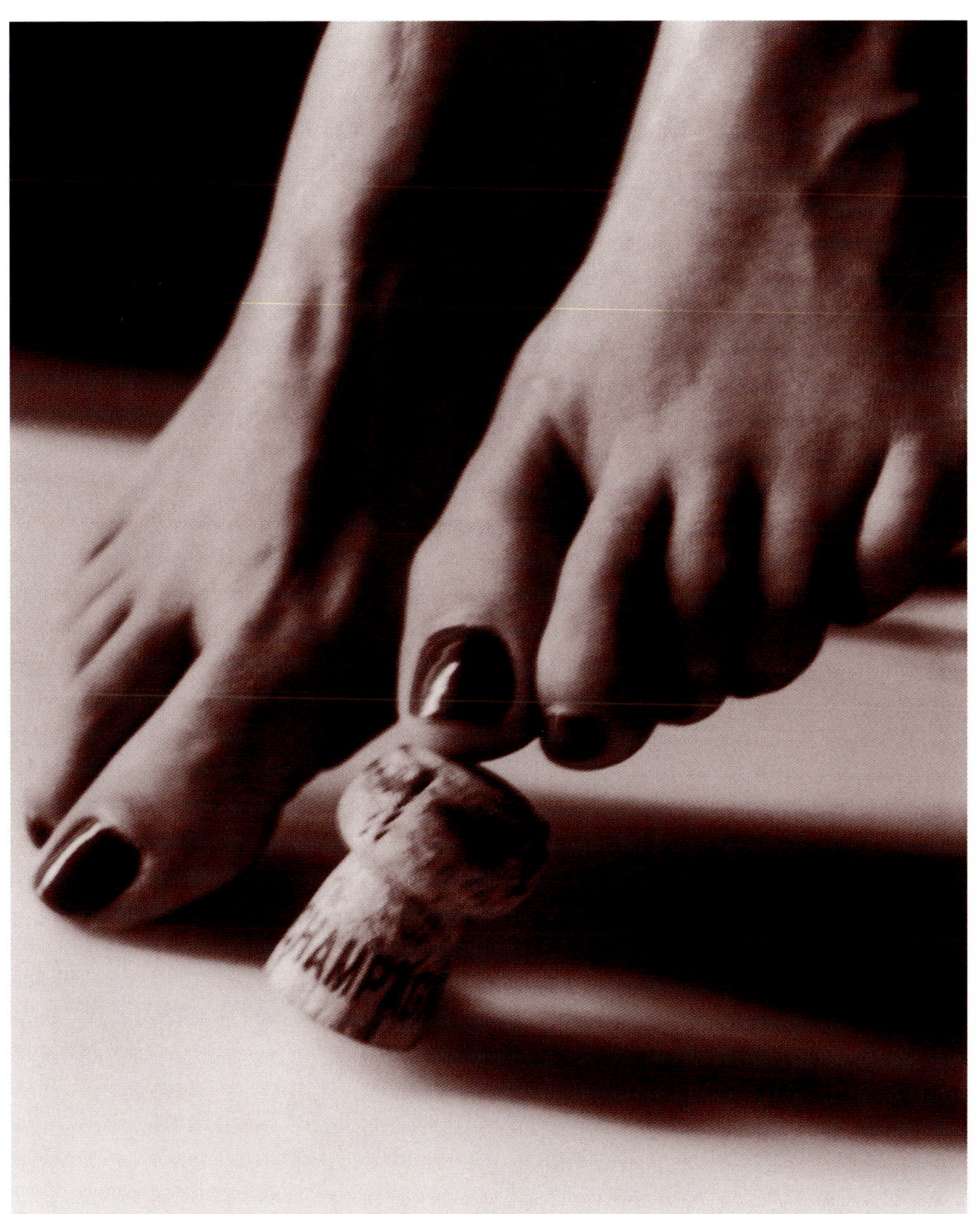

Vorspeise

Karamelisierter Chicorée mit Radicchiosalat

Die Zutaten:

2	kleine Chicorée
½	Radicchio
1 gestr.	EL Zucker
1 EL	Butter
1 EL	Olivenöl
1 Pr.	Salz
	weißer Pfeffer aus der Mühle
2 EL	grob gehackte Walnußkerne
	Dressing:
1 TL	Dijonsenf, grob
1	Spritzer Zitronensaft
1 EL	Olivenöl
	etwas Salz
	weißer Pfeffer aus der Mühle
	Zur Deko
	Kerbelgrün

Mon Dieu, diese Vorspeise ist wirklich beeindruckend. Wenn Ihre Femme fatale beim Genuß diese Prachtwerks noch nicht dahinschmilzt, dann nur, um sich ihre Energiereserven für später aufzuheben. Lange wird sie sich aber nicht zusammenreißen können, soviel ist gewiß.

Und los geht's

Lösen Sie vom Chicorée die einzelnen Blätter ab, indem Sie immer wieder ein Stück Strunk abschneiden, dann wieder Blätter ablösen usw. Danach waschen Sie die Salatblätter und schleudern oder tupfen sie trocken.
Mit dem Radicchio verfahren Sie genauso. Vorab allerdings das Herz entfernen. Dann waschen und trocknen Sie die Blätter und schneiden sie in feine Streifen.
Als nächstes verrühren Sie alle Zutaten für das Dressing mit dem Schneebesen. Achten Sie besonders darauf, daß sie sich gut miteinander verbinden.

Am Abend, wenn Madame dann in freudiger Erwartung zunächst nach der Vorspeise schielt, beginnen Sie ganz meisterkochmäßig und gelassen damit, eine große Pfanne mittelstark vorzuheizen, Olivenöl, Butter, Zucker, Salz und Pfeffer in die Pfanne zu geben und kurz aufschäumen zu lassen. Nun die Chicoréeblätter einlegen, sofort wenden und ruckizucki wieder aus der Pfanne nehmen.

Anrichten

Die einzelnen Blätter sternförmig auf schöne große Teller legen.
In der Mitte häufeln Sie dann einige Radicchiostreifen auf, die Sie vorsichtig mit dem Dressing beträufeln. Wichtig ist, daß der Chicorée nichts von dem Dressing abbekommt, denn er hat durch das Karamelisieren einen Eigengeschmack erhalten, den Sie nicht mischen sollten. Zumindest nicht auf dem Teller.
Rösten Sie die grob gehackten Walnußkerne in einer Pfanne ohne Öl kurz an, damit sich der Geschmack besser entfalten kann.
Zum Abschluß streuen Sie die Nüsse über den Chicoree und dekorieren diesen Traumteller außen mit zarten Blättchen vom Kerbelgrün. Bon appétit, mon amour!

Gabriellas secrets:

Bitte achten Sie darauf, daß Sie den Chicorée in der Pfanne nicht weichkochen, sondern ihn nur zart karamelisieren. Ganz fein soll sich die Zuckermischung um die sanften Blätter legen, das macht den einzigartigen Geschmack aus.

Zwischengericht

Seezungenröllchen mit Räucherlachsfarce auf Gemüsenudeln mit Weißweinsauce

Die Zutaten:

2 Seezungenfilets
1 Bund glattblättrige Petersilie

Farce:
50 g Räucherlachs
1 kl. Ei
1 EL Sahne
1 EL Weißbrotcroutons (siehe secrets)
weißer Pfeffer aus der Mühle

Gemüsenudeln:
1 Zucchini
1 Karotte (zu gleicher Menge wie Zucchini je nach Größe)
Salz
Pfeffer
1 TL Butter
Wasser zum Kochen

Weißweinsauce:
2 EL Weißwein
2 EL Pochierflüssigkeit (von der Seezunge)
1 El Crème fraîche
Pfeffer
Kerbelgrün

Jetzt kommt's, meine Herren: Dieser Gang macht vielleicht ein wenig mehr Arbeit, aber ich verspreche hoch und heilig, Sie bekommen dafür mindestens zwei Sterne ... nämlich die strahlenden Augen von Madame. Danach ist der Weg in ihr Herz geebnet, hundertprozentig!

Und los geht's

Beginnen Sie mit der Vorbereitung rechtzeitig, und machen Sie sich erst mal an die Farce:
Den Räucherlachs fein würfeln und mit den Zutaten für die Farce in einen

Mixbecher geben. Ab damit in den Tiefkühler und leicht anfrieren lassen. Dies ist notwendig, weil sonst das Eiweiß beim Mixen durch die entstehende Wärme gerinnt. Die beste Temperatur ist übrigens minus 1 Grad. Anschließend verarbeiten Sie die Mischung im Mixer zu einem feinen Püree. Achten Sie darauf, daß es cremig wird und auf keinen Fall flüssig. Das war's schon fürs erste.

Nun geht's an den nächsten Fisch. Hier gibt es einen wichtigen und entscheidenden Trick, damit die Röllchen auch halten: Seezungen haben, obwohl sie meist filetiert, d. h. selbstverständlich auch enthäutet sind, eine Hautseite. Sie erkennen sie noch daran, daß sie leicht weiß-silber schimmert.
Und nun der Trick: Diese Hautseite liegt beim Füllen oben, genauer gesagt, sie ist beim Rollen später innen!
Legen Sie also die Filets richtig rum auf ein Arbeitsbrett, und streichen Sie die Farce mit einem Löffel auf die ganze Fläche der Fische. Obenauf kommen noch ein paar Petersilienblättchen, das sieht später in dem Röllchen besonders hübsch aus.
Nun wird vom Schwanzende (!) her aufgerollt. Sie brauchen nix festzustecken oder -zuklemmen, später bindet die Farce und klebt die Röllchen zusammen. Danach nehmen Sie zwei kleine Stücke Alufolie und fetten jeweils die spiegelnde Seite ein (die schützt das Aroma). Jetzt brauchen Sie nur noch die Fischröllchen auf die eingefettete Seite der Alufolie zu legen und einzuschlagen, so daß sie wie kleine Knallbonbons aussehen. Gut verschließen und bis zur weiteren Verarbeitung in den Kühlschrank.

Jetzt geht's an die Gemüsenudeln: Die Zucchini wird gewaschen, die Karotte geschält und beides mit der Brotschneidemaschine der Länge nach in dünne Streifen geschnitten. Die Breite der Karottenstreifen gibt das Maß für beide Gemüse an, sie sollten in etwa der Breite von breiten Bandnudeln entsprechen.
In einem Topf Wasser zum Kochen bringen, anschließend leicht salzen und einen kleinen Schuß Öl hineingeben, weil das Gemüse dann schön glänzt. Zunächst geben Sie für 30 Sek. die Karottenstreifen in das leicht kochende Wasser, dann für weitere 30 Sek. die Zucchinistreifen. So hat beides später den gleichen Biß, denn Karotten brauchen einen Tick länger. Das Gemüse mit der Schaumkelle herausheben. Kleiner Tip für Perfektionisten: Schrekken Sie die Gemüsenudeln in Eiswasser ab, dann wird die Farbe intensiver. Heben Sie das Kochwasser für später auf, es ist die ideale Pochierflüssigkeit. Nun dürfen Sie das Gemüse bis zur weiteren Verarbeitung beiseite stellen.

Alles Weitere erledigen Sie am Abend nach dem Genuß der vorzüglichen Vorspeise:
Heizen Sie das Gemüse-Wasser erneut auf, lassen Sie es aber bitte nicht kochen, ca. 70 Grad sind optimal. Jetzt legen Sie die eingepackten Seezun-

genröllchen hinein und schalten die Flamme komplett aus. Die Fischpaketchen sollen tatsächlich nur für ca. 15 Min. sanft und zärtlich ziehen.

Nun nicht nervös werden, alles soll gleichzeitig fertig werden. Aber keine Angst, Gabriella hat an alles gedacht: Während nämlich der Fisch in aller Ruhe zieht und keine Aufmerksamkeit mehr benötigt, werden parallel die Sauce und die Gemüsenudeln zubereitet. Sie werden staunen, dies geht blitzschnell.
Heizen Sie eine Pfanne vor, geben Sie Butter hinein, und erhitzen Sie die Gemüsenudeln darin. Gleichzeitig gießen Sie den Wein in eine Sauteuse und lassen ihn auf die Hälfte einkochen, danach hat sich die unangenehme Säure verflüchtigt und der Wein schmeckt unglaublich intensiv. Nun Pochierflüssigkeit dazugießen und auch auf die Hälfte einkochen lassen.
Jetzt soll's aber auch perfekt werden, darum wärmen Sie inzwischen zwei Teller vor, ob im Backofen, Geschirrspüler oder wo es Ihnen sonst noch so beliebt.
Zum guten Schluß rühren Sie noch die Crème fraîche mit einem Schneebesen ein, würzen mit weißem Pfeffer aus der Mühle und warten noch kurz ab, bis eine leichte Bindung entsteht. Inzwischen sind auch die Gemüsenudeln unter beiläufigem Rühren heiß geworden.

Anrichten

Die Gemüsenudeln in die Mitte der vorgewärmten Teller geben und dann die Seezungenröllchen auspacken. Am hübschesten sehen sie aus, wenn Sie sie in der Mitte schräg durchschneiden und mit der Schnittseite nach oben auf die Nudeln legen. Nun die Wein-Sauce nochmals mit dem Schneebesen schaumig rühren, die Kerbelblättchen einstreuen und wie im Fünf-Sterne-Restaurant die Sauce am Rand entlang träufeln. Wundern Sie sich nicht, es ist relativ wenig Sauce, aber das ist so gewollt. Nichts soll überdeckt werden, wir wollen mit dem Menü ja schließlich die Sinne anregen.

Gabriellas secrets:

Bitte kaufen Sie keine fertigen Weißbrotcroutons, die sind meistens ölig oder irgendwie eigenartig gewürzt. Nehmen Sie trockenes Weißbrot, in Würfel geschnitten, es sollte aber auf keinen Fall frisch sein, notfalls im Ofen oder im Toaster trocknen!
Zur Info: »Farce« nennt man übrigens eine Creme aus Fisch, Fleisch oder Geflügel. Die Herstellung ist immer die gleiche, der einzige Unterschied ist das jeweilige Grundmaterial.

Und noch ein Tip:
Warum Sie wann welche Seite der Alufolie benutzen sollen, ist schnell erklärt: die spiegelnde Seite schützt das Aroma, die matte Seite zieht die Hitze an! Wenn's Sie's umgekehrt einsetzen, würde die Hitze reflektiert und das Aroma geht logischerweise dann auch flöten.

Hauptgang

Maispoulardenbrust an Sauce von rosa Champignons mit Thymiankartoffeln

Die Zutaten:

2 Maispoulardenbrüste
2 mittelgroße festkochende Kartoffeln
6 rosa (braune) Champignons (mit geschlossenen Köpfen), geviertelt
1 Schalotte, in feine Würfel geschnitten
4 cl Noilly Prat
2 EL süße Sahne
1 TL Butter
1 EL Sonnenblumenöl
Salz, Pfeffer
1 Thymianzweig

Wenn Ihre Geliebte inzwischen nicht bereits flachliegt oder Sie völlig verträumt und entrückt anlächelt, kredenzen Sie Ihr zur absoluten Krönung Ihres Verführungsdinners den Hauptgang. Ansonsten würden Sie gut daran tun, Madame erst mal in den siebten Himmel zu schicken, um sie dann später wieder mit kulinarischen Genüssen sanft auf die Erde zurückzuholen.

Und los geht's

Spülen Sie die Maispoulardenbrüste kalt ab, tupfen Sie sie trocken, und würzen Sie mit Salz und Pfeffer. Vorab können Sie schon mal den Ofen auf 200 Grad vorheizen und eine Pfanne mittelstark erhitzen. Braten Sie nun das Geflügel in Pflanzenöl auf jeder Seite für 30 Sek. an, und geben Sie es dann mit der Pfanne für zwei Min. in den heißen Ofen (achten Sie darauf, daß die Pfanne keine Plastikgriffe hat!). Nun gut aufgepaßt: Nehmen Sie die Pfanne aus dem Ofen, legen Sie das Fleisch auf einen Teller (Pfanne nicht ausspülen), und warten Sie, bis der Ofen auf 75 Grad runtergekühlt ist. Anschließend werden die Brüstchen noch mal bei diesen 75 Grad mindestens 20 Min. lang gegart. Mit dieser Tiefgarmethode kann das Fleisch wesentlich länger im Ofen bleiben, und es wird weder trocken, noch zu durch, noch zäh.

Nun die Kartoffeln schälen, waschen und würfeln. Zusammen mit etwas Butter, ganz wenig Wasser und etwas Meersalz in einen Topf geben und garkochen. Dies kann zwischen vier und zehn Min. dauern und hängt von der Kartoffelsorte und der Größe der Würfelchen ab. Darum ist es wichtig, den Garprozeß ständig zu überprüfen. Am Schluß brauchen Sie nur noch den Thymianzweig über den Kartoffeln abzustreifen und alles zu vermischen. Kartoffeln schön warm halten.

Stellen Sie nun für die Sauce die vom Fleisch benutzte Pfanne wieder zurück auf den Herd, erhitzen Sie sie erneut, und lassen Sie die Schalottenwürfel darin glasig werden. Danach werden die geviertelten Champignons darin angedünstet. Zum Schluß noch den Noilly Prat angießen und mit einem Löffel den Bratensatz losrühren. Die Sahne zufügen und abschmecken.

Anrichten

Den folgenden appetitlichen Serviervorschlag hab' ich mir bei Klaus Werner Wagner abgeschaut:
Schneiden Sie die Maispoulardenbrüste schräg in Scheiben, und richten Sie diese in einem Halbkreis auf dem Teller an. Gießen Sie vorsichtig die Sauce an, so daß sie praktisch die restliche Tellermitte ausfüllt. Die Kartoffelwürfelchen werden in drei kleinen Häufchen am Tellerrand rundherum plaziert. Ein wenig frischen Thymian darüber streuen, et voilà!

Dessert

Mousse au chocolat mit Orangenlikör

Die Zutaten:

100 g	bittere Kuvertüre
1/2 l	Sahne
2	Eier
1 TL	geriebene Schale einer unbehandelten Orange
4 cl	Orangenlikör (Cointreau, Grand Marnier)
1 kl. Pr.	Salz
2 x 1 TL	Zucker

Ja, ja, selbstverständlich gehört zu einem solchen Candlelight-Dinner eine schöne schwarze, zartschmelzende Schokoladen-Mousse, mit der sich, außer sie genußvoll zu verzehren, noch so einiges andere Genußvolle anstellen läßt. Ich würde es mir nie verzeihen, Ihnen diesen kleinen erotischen Tip vorenthalten zu haben. Wie, Sie dachten gar nicht daran? Na, dann seien Sie froh, daß ich Sie erinnert habe!

Und los geht's

Bereiten Sie die Mousse am besten schon am Nachmittag zu, denn um die optimale Konsistenz zu bekommen, muß sie mindestens zwei bis drei Std. kühlen.

Bevor Sie die Schokolade grob zerkleinern, säbeln Sie mit einem Gemüseschäler einige Schoko-Raspel ab, und bewahren Sie sie zur späteren Deko Ihres Prachtwerkes im Kühlschrank auf.

Die restlichen Schokoladenbröckchen werden nun im Wasserbad (oder der Mikrowelle auf kleinster Stufe) vorsichtig geschmolzen. Übrigens ist die Körpertemperatur, also 37 Grad, die perfekte Temperatur. Möglicherweise ist Ihre Körpertemperatur aber mittlerweile schon auf dem Siedepunkt angelangt, also vertun Sie sich nicht.

Anschließend Eiweiß und Eigelb voneinander trennen und in zwei Schüsselchen bereithalten. Zum Eiweiß eine Mini-Miniprise Salz geben und mit dem Schneebesen leicht cremig schlagen. Erst wenn das Eiweiß zu binden beginnt, geben Sie den Teelöffel Zucker dazu. Das Ganze wird nun zu einer festen Creme aufgeschlagen.

Die Sahne mit einem TL Zucker steif schlagen. Den Cointreau mit den Eigelben in einem Schlagkessel mit einem Schneebesen verrühren und danach in einem Wasserbad (am besten das Wasser von der Schokolade verwenden) aufschlagen, bis eine Bindung entsteht.

Jetzt kommt der wichtigste Moment:

Wenn Sie jetzt nicht akribisch aufpassen, haben Sie Rührei, denn wenn die Masse zu heiß wird, fängt sie an zu stocken. Also, Jungs, immer fein weiter

schlagen und nicht aufhören, keine Pause, die Creme muß hellgelb werden und Luft annehmen. Wenn sie am Boden fest zu werden scheint, sofort den Kessel vom Wasserbad nehmen und immer weiterschlagen, sonst können Sie von vorne anfangen.
Wichtig für eine zartcremige Mousse ist es, daß Sie die folgenden Arbeitsschritte genauso einhalten, wie ich es Ihnen ans Herz lege. Die Reihenfolge ist der einzige Trick:

1. Eigelb und Schokolade mischen, bis es ein zäher Brei wird. Keine Panik, das muß so sein.
2. Die geriebene Orangenschale in die Schokomischung geben.
3. 1/3 des Eischnees wird wortwörtlich in die Schokomischung eingearbeitet; die fette Masse hat nämlich eigentlich keine Lust, den Eischnee aufzunehmen. Sie müssen sie regelrecht dazu zwingen, wenn's sein muß eben mit sanfter Gewalt.
4. Nun geht es darum, so viel Luft wie möglich in die Mousse zu bekommen. Die restlichen 2/3 des Eischnees darum sehr vorsichtig unterheben – nicht rühren!
5. Nun die Sahne auf einmal dazugeben und genauso vorsichtig vermengen.
6. So, geschafft, die fertige Mousse dürfen Sie nun für mindestens zwei Std., besser aber drei Std. kaltstellen. Bitte auf keinen Fall während dieses Prozesses schütteln oder durchrühren, sonst geht die schaumige Konsistenz flöten. Gut Ding will eben Weile haben.

Anrichten

Füllen Sie ein Glas mit sehr heißem Wasser, und halten Sie zwei Eßlöffel bereit. Diese stecken Sie in das Glas und wärmen sie an. Die Mousse soll beim Abziehen über diesem heißen Löffel regelrecht schmilzen, denn dann bildet sich eine supergeile Nocke. Pro Löffel fabrizieren Sie jeweils nur eine Nocke, denn inzwischen ist der andere Löffel heiß und wird gegen den eben gebrauchten eingetauscht. Durch diesen Wechsel haben Sie immer einen heißen Löffel zur Verfügung. Bestäuben Sie den Tellerrand mit Vanillezucker, setzen Sie die Nocken in die Mitte, und garnieren Sie sie mit den Schokoladenraspeln, die Sie anfangs kühl gestellt haben.

Mit diesen Kreationen ist Ihnen ein wahrhaft meisterliches Menü gelungen, und Sie werden mit hundertprozentiger Sicherheit damit jedes Herz erobern. Denken Sie mal an mich, wenn Sie mit Ihrer Geliebten im siebten Himmel schweben …

Einkaufsliste

Fleisch/Fisch:
2 Seezungenfilets
50 g Räucherlachs
2 Maispoulardenbrüste

Gemüse/Obst:
2 kleine Chicorée
• Radicchio
1 Zucchini
1 Karotte
2 mittelgroße festkochende Kartoffeln
6 rosa (braune) Champignons (mit geschlossenen Köpfen)
1 unbehandelte Orange
1 Schalotte
1 Bund glattblättrige Petersilie
• Thymian
• Kerbelgrün zur Deko
1 unbehandelte Zitrone

Feinkost/Supermarkt:
• grobgehackte Walnußkerne
1 TL Dijonsenf, grob
3 Eier
• Sahne
• Weißbrot (für die Croutons)
• Crème fraîche
• süße Sahne
100 g bittere Kuvertüre

Getränke:
• Wein, Wasser, Cocktailzutaten

Fürs Menü:
• Weißwein
• Noilly Prat
• Orangenlikör (Cointreau, Grand Marnier)

Was Sie wahrscheinlich im Haus haben:
• Zucker
• Butter
• Olivenöl
• Salz
• weißer Pfeffer aus der Mühle
• Sonnenblumenöl

Tips & Tricks

Love Potions

Cocktailempfehlungen und-rezepte

Wenn Sie Lust haben mal auszuprobieren, wie ein selbstgebrauter Liebestrunk strahlende Sternchen in die Augen Ihrer Geliebten zaubert, dann lege ich Ihnen meine sinnlichen Love-Cocktails wärmstens ans glühende Herz. Hier bekommen Sie sozusagen eine Grundausbildung mit »anerkanntem Miraculix-Zaubertrank-Diplom«.
Ob geschüttelt, gerührt oder sanft gemischt, ein guter Cocktail bringt jedem mixgewandten Gastgeber garantiert Pluspunkte, selbst wenn er die akrobatischen Verrenkungen a la Tom Cruise in »Cocktail« ausnahmsweise wegläßt. Sollten Sie es allerdings draufhaben, mit Shakern und Flüssigkeiten zu jonglieren, dann halten Sie sich bloß nicht zurück, drehen Sie die Musik lauter und präsentieren Sie eine kleine Showeinlage. Wann kriegt man so was schon mal live zu Gesicht ... (Dieser erheiternde Zwischengang ist vielleicht nicht gleich zum Aperitiv geeignet, aber für den Moment vor dem Angriff manchmal recht hilfreich ...) Shake it baby!

Wählen Sie unbedingt je nach Stimmung und Timing das Geeignete für Ihre Geliebte aus. Sollten Sie unsicher sein, welche von Madames Geschmacksnerven gerade angeregt werden möchten, fragen Sie doch einfach nach, auf was sie denn gerade scharf ist ...
Je nach Ausmaß Ihrer Privat-Bar könnten Sie ihr eventuell auch Vorschläge machen: »darf's was Süßes oder Saures, Sahniges oder Fruchtiges, Leichtes oder Starkes sein?« Frauen können sich übrigens leichter entscheiden, wenn sie eine Auswahl angeboten bekommen ...

Ich habe die Cocktailrezepte nach Stimmungen sortiert:
leicht und unschuldig zum Entree (mit und ohne Alkohol), etwas reichhaltiger und mutiger für »dazu oder dabei« und den klassisch- weichmachenden Drink für danach, kalt oder heiß, je nachdem, welche Temperatur Ihrer Meinung nach angebracht ist.
Weitere tolle Cocktailrezepte von Ernst Lechthaler finden Sie übrigens in meinem ersten Buch »Wie Sie jeden Mann weichkochen«. Sie sind auch für Damen mit Schwachwerd-Ambitionen erfahrungsgemäß bestens geeignet ...

Wichtig: Achten Sie unbedingt darauf, daß die Drinks nicht zu stark wer-

den.Ihre Süße sollte höchstens einen kleinen Schwips haben, damit sie angetörnt und begeistert bei der Sache ist. Zuviel des Guten hat nur den Effekt, daß sich der Kopf zwei Runden zu schnell dreht und sie später immerzu bremsen muß, wenn das Bett vorbeikommt ...
Und ganz ehrlich gesagt: jede Frau riecht es Kilometer gegen den Wind, warum Sie ihr zu starke Teufelsdrinks einflößen wollen. Auf diese plumpe Anmache fällt schon lange kein Mädel mehr rein. Also immer schön sachte und mit viel Gefühl, meine Herren, damit kommen Sie am Ende weiter ...

Die nachfolgenden Cocktailrezepte stammen übrigens alle aus meiner privaten Mixerfahrung: teilweise in einem Anfall von unstillbarer Experimentierwut »ershaked«, teilweise unter Verwendung der spärlichen Angaben, die ich den braungebrannten kalifornischen Barkeepern aus den Rippen leiern konnte. Sämtliche Drinks sind spielend einfach zuzubereiten, die Mengen gelten stets für 2 Drinks, Sie brauchen wirklich keinerlei Barkeeper-Erfahrung, allein die Zutaten sollten bereitstehen! Also keine Ausreden!

Servieren Sie Ihre **LOVEPOTIONS immer** liebevoll zurechtgemacht:
mit exotischen Blüten, Minzezweiglein, Fruchtschnitzen oder Cocktailkirschen, die verführerisch vom Glasrand locken. (Das ist und bleibt die halbe Miete!) Kleine Deko-Tips erhalten Sie stets am Ende der Rezepte.

Und los geht´s:

Romantic Stimulation

(ohne Alkohol)

Dies ist ein sehr leichter, prickelnder und wirklich erfrischender Drink, der zur Begrüßung und Einstimmung wie geschaffen ist:

Die Zutaten für 2 Personen:

1	Limette, ausgepresst
1/4 l	Apfelsaft
3/8 l	Ginger Ale
	Eiswürfel
2 TL	Grenadine
	zur Deko:
2	Apfelschnitze
2	Zitronenschnitze
2	kleine Blüten

Geben Sie den Limettensaft und den Apfelsaft in 2 recht große hohe Gläser. On top gießen Sie nun das Ginger Ale ein und füllen dann mit Eiswürfeln auf. Zum Schluß träufeln Sie mit einem Teelöffel den Grenadinesirup vorsichtig am Glasrand innen entlang, so daß er sich ganz vorsichtig unten im Glas vermischt. Das hat eine Anmutung wie ein Sonnenaufgang. Nicht umrühren, sondern mit Strohhalm oder Cocktaillöffelchen und mit den Schnitzen und einer Blüte am Glasrand servieren.

Melon Teaser

(ohne Alkohol)

Auch hier gilt: leicht, fruchtig, mit sanfter Süße und sinnlicher orientalischer Note können Sie mit diesem Drink das Herz Ihrer Geliebten – auch völlig ohne Spirituosen – einfangen.

Die Zutaten für 2 Personen:

¼ Honig-Melone
2 EL Zucker
1 TL Rosenwasser
150 ml Mineralwasser
Eiswürfel

Zur Deko:
2 Minzezweige
Rosenblütenblätter
Strohhalme

Für diesen Cocktail sollten Sie stolzer Besitzer eines elektrischen Bar-Mixers sein, dann gelingt er schnell und einfach.
Zu Beginn vierteln Sie die Melone, entkernen sie und lösen das Fruchtfleisch aus. Grob würfeln und dann ab in den Mixer. Dazu kommt der Zucker, das Rosenwasser (in jedem Asia- oder Orientladen) und die Hälfte des Mineralwassers. Gut durchmixen lassen, damit sich der Zucker auch wirklich auflöst. Dazu kommen dann ca. 2 Handvoll Eiswürfel, die klein gecrushed werden sollen. Nach Geschmack können Sie auch »blenden«, d.h. mixen Sie, bis eine schön sanfte Creme entsteht.
Zum Schluß den Rest des Mineralwassers dazugeben, noch mal kurz mischen und dann in zwei elegante Gläser füllen.
Zur Deko eignen sich Minzezweiglein und frische (! saubere !) Rosenblütenblätter, die entweder auf einen Cocktailspieß gepiekst oder auf die Flüssigkeit verstreut werden.

Silk Stockings

(mit Champagner)

Mein absoluter Favorit zum Aperitiv, ein Champagner-Cocktail mit Pfiff. Immer noch leicht und unerhört prickelnd, wie es sich für Champagner gehört, jedoch mit einer würzigen Note, macht er hundertprozentig Appetit auf mehr:

Die Zutaten für 2 Personen:

gut gekühlter Champagner
2 cl Benedictine (Kräuterlikör)
2 Eiswürfel

Zur Deko:
2 reife Erdbeeren mit Grün
1 Limette

Schälen Sie vorab 2 schmale Spiralen aus der Limettenschalen heraus und bewahren Sie sie bis zur Deko kühl auf.
Wählen Sie dann zwei langstielige schöne Champagnergläser aus, in die Sie die Eiswürfel, den Benedictine-Likör und obendrauf die Erdbeere geben.
Nun mit dem gut gekühlten Champagner auffüllen und die Limettenspirale an den Glasrand in den Cocktail hängen.

Spirit of Love

(mit Alkohol)

Allein schon die Farbe macht völlig verliebt: tiefrot wie ein Kußmund! Superfruchtig mit Himbeeren, angenehm sanfter Alkoholgeschmack! So muß ein Liebestrunk schmecken.

Die Zutaten für 2 Personen:

1 Tasse	Himbeeren (notfalls gefroren)
4 cl	Gin
4 cl	Martini bianco
1/4 l	Mineralwasser
	Eiswürfel

zur Deko:
einige besonders schöne Himbeeren

Die gewaschenen Himbeeren werden zu Beginn durch ein Teesieb in ein Gefäß gestrichen, um die Samen zu entfernen. (Die gefrorenen Himbeeren zuerst auftauen lassen und genauso verfahren). Das so entstandene Püree wird zusammen mit dem Gin, dem Martini und dem Eis in einem Cocktailshaker durchgemixt, bis es eiskalt ist. Gießen Sie die Mischung in klassische Martinigläser und dekorieren Sie mit den schönsten aller Himbeeren in der Mitte.

Tropical Temptation

(mit Alkohol)

Schon der Name ist Programm: Exotisch, fruchtig-süß und leicht cremig, einfacher ausgedrückt: mit eingebautem Kokosnußfeeling! Ein tropische Liebeserklärung, die ich erst später am Abend anbieten würde, denn vor dem Essen füllt der Drink den Bauch zu sehr!

Die Zutaten für 2 Personen:

1 Tasse Ananasstückchen in Sirup aus der Dose
1/4 l Kokosnussmilch aus der Dose
3/8 l gekühlte tropische Fruchtsäfte (gemischt aus diversen Sorten, z. B. Ananas, Mango, Guave)
1 Limette, ausgepresst
2 dunkler Rum

zur Deko:
4 Ananasstückchen
2 Cocktailkirschen
2 Limettenschnitze
2 frische Minzezweige
2 Blütenköpfe von tropischen Blumen

Für diesen Drink ist auch elektrischer Cocktailmixer erforderlich. Bevor Sie mit der Zubereitung beginnen, kühlen Sie 2 große Cocktailgläser im Eisschrank vor. Danach legen Sie 4 Ananasstückchen für später zu Seite.
Die restlichen Fruchtwürfel, incl. dem Sirup aus der Dose, Kokosnußmilch, Fruchtsaftmischung, Limettensaft und dem Rum in den Blender oder Cocktailmixer geben und zu einer geschmeidigen Mixtur verarbeiten. Die Mischung in die gekühlten Gläser füllen und mit den aufgespießten Dekozutaten am Glasrand garnieren. Der Einfachheit halber läßt sich dieser großartige Cocktail übrigens mit einem Strohhalm genießen, dann brauchen Sie sich nicht durch den »Deko-Dschungel« zu kämpfen!

Between the sheets

(mit Alkohol)

Wenn Ihr Sweetheart lieber auf samtig-süße Verführung steht, ist diese Variante eines sahnigen After-Dinner-Drinks genau das Richtige für Sie! Allein die Location bleibt Ihnen überlassen …

Die Zutaten für 2 Personen:

4cl Brandy
4cl Crème de Cacao
3 EL crushed Eis
3 EL flüssige Sahne

Zur Deko :
Zimtpulver

Geben Sie den Brandy, die Crème de Cacao und das Eis in einen elektrischen Cocktailmixer und lassen es gut durchmischen. Erst danach fügen Sie die flüssige Sahne hinzu, sonst flockt sie aus und Sie haben Butter mit Geschmack … Nochmals kurz anstellen und dann den Cocktail vorsichtig in Martinigläser gießen. On top streuen Sie noch ein wenig Zimtpulver, und schon ist ein wahrer Gaumenschmeichler fertig.

Angel's Kiss

(mit heißem Kaffee und Likör)

Schwarz, stark und heiß, weckt alle Lebensgeister! Viel einfallsreicher als die langweilige Version, »normalen« Kaffee oder Espresso am Ende eines Dinners zu servieren. Übrigens ist diese Variante auch als Solo für 2, ganz ohne Dinner, am späten Abend bei Damen immer herzlich willkommen.

Die Zutaten für 2 Personen:

2	Tassen starker heißer Kaffee
8 cl	Tia Maria
1-2 TL	Zucker
4 EL	geschlagene Sahne

zur Deko:
ungesüßter Kakao zum Bestäuben

Bereiten Sie zuerst starken Kaffee zu, und füllen Sie diesen in 2 formschöne hohe Tassen. Süßen Sie mit Zucker und fügen dann den Tia Maria zu. Kurz umrühren, damit sich der gesamte Zucker auflöst und gut verteilt. Darauf kommt zum krönenden Abschluß das Sahnehäubchen, das Sie on top mit den Kakao sanft bestäuben. Dies geht am Besten mit einem kleinen Teesieb, dass Sie darüber halten.

The Morning After The Night Before

(ohne Alkohol)

Last but not least, gibt es noch eine alkoholfreie Alternative zum hochwirksamen »Bullshot« aus meinem Vorgängerbuch. Durch die vitaminreichen frischen Gemüsezutaten holen Sie damit verbrauchte Energien blitzschnell zurück.

Die Zutaten für 2 Personen:

1/4	Gurke
1 kl.	Paprika, rot
1/2 kl.	Schalotte (Zwiebel)
1 TL	Weißweinessig
	Spritzer Tabasco
1 Tasse	Tomatensaft
	Salz und Pfeffer nach Geschmack
	Eiswürfel

Zur Deko:
Streifen Gurke zum Umrühren

Schälen Sie die Gurke und die Schalotte, und entkernen Sie die Paprika. Dieses »junge Gemüse« nun klein schneiden und in der oben angegebenen Menge mit den restlichen Zutaten im elektrischen Cocktailmixer ordentlich pürieren.

Bevor Sie die Mischung in die Gläser füllen, seihen Sie den Cocktail erst durch ein feines Sieb ab und drücken dann die verbliebenen Gemüsereste mit einem Löffel sanft in ein Gefäß, bis nur noch die Haut im Sieb übrig ist. Die Mischung abschmecken und mit den Eiswürfeln in 2 Gläser geben. Der Gurkenstick ist zum Umrühren gedacht.Und schon können Sie servieren.

Gabriellas sechs Gebote zum Weichkochen

Du sollst ...

... wach sein, mit all deinen Sinnen. Konzentriere dich auf deine Göttin, sei aufmerksam und beobachte ihre Reaktionen. Höre die leisen Zwischentöne in ihren Worten, sieh die Schönheit ihrer strahlenden Augen, rieche den Duft ihres Parfüms, und schmecke das Aroma ihrer Lippen. Denke nie gleichzeitig an die Steuererklärung. Erspüre ihre tiefen Gefühle für dich, und du wirst sie sogleich verzaubern.

... sanft sein und deiner Stimme einen verführerischen Klang verleihen. Sei zärtlich mit deinen Blicken und liebevoll mit deinen Äußerungen. Streichle sanft ihre Haut, und lass keinen Teil ihres Körpers aus. Flöte ihr deine Bewunderungen zart ins Ohr, aber mach dich nicht zum Weichei! Behandle sie wie eine Königin, behutsam und rücksichtsvoll, und sie wird dich prächtig dafür belohnen.

... verspielt sein und deiner Phantasie freien Lauf lassen. Sei übermütig, ausgelassen und unbekümmert wie ein Kind. Genieße die Lust zu leben, und teile sie mit deiner Angebeteten. Sprühe vor Witz und Heiterkeit, und habe Spaß an allem, was du tust. Sei kreativ und hecke Überraschungen aus. Traue dich, Neues und Ungewöhnliches auszuprobieren, und wenn's mal schiefgeht, denke daran: Humor ist, wenn man trotzdem lacht!

... großzügig sein und deine Geliebte verwöhnen. Gönne ihr das Gelbe vom Ei, kauf die leckersten Zutaten für dein Liebesmenü, suche einen wundervollen Wein aus, und überschütte sie mit Liebesgaben. Bereite ihr ein fürstliches Mahl, und laß sie keinen einzigen Finger dafür krümmen. Spüle selbst ab, und räume die Wohnung wieder auf. Spare an nichts, und denk immer daran, daß alles, was du gibst, vielfach zu dir zurückkehrt.

... männlich sein und mit all deinem Einfühlungsvermögen immerzu Herr der Lage bleiben. Laß sie deine Kraft spüren, trage sie auf Händen, und laß sie bloß nicht fallen. Erweise dich als Retter und Beschützer in jeder Lebenslage, und sei ihr Fels in der Brandung. Kämpfe für sie auf dem Schlachtfeld der Liebe, und sie wird dich zu ihrem Helden ernennen.

... **scharf** sein wie Nachbars Lumpi! Der Liebesakt ist ein Fest der Vereinigung, drum feiere und laß die Gläser klingen. Versprühe großzügig deine Festlaune, und zeige dein Verlangen. Spare weder an Komplimenten noch an Berührungen. Jede Frau liebt es, umworben und begehrt zu werden, drum lies ihr alle Wünsche von den Nasenflügeln ab, und mach Sie glücklich. Eine heiße Liebesnacht ist dir gewiß!

Die sechs Todsünden eines Verführungsabends

Du sollst nicht ...

... ungepflegt das Tor öffnen und deine Sirene nicht in schlampiger Kleidung empfangen. Nimm vorab ein ausgiebiges Bad, pflege dein Haar, säubere deine Nägel, rasiere deine Stoppeln, und gönn dir ein gutes Parfüm. Bekleide dich mit ungeflickter Unterwäsche und Socken, und wähle ein stilvolles Gewand. Sorge für ein einladendes und ordentliches Heim, damit sie sich nicht auf dem Weg in dein Heiligtum die Knochen bricht.

... schuften wie ein Pferd, sondern leichtfüßig und gelassen deinen Schmaus zubereiten. Nicht im Schweiße deines Angesichts, sondern mit reiner Freude sollst du euer Liebesmahl garen. Bereite die Zutaten gut vor, damit du Zeit hast, deine Angebetete mit reizvollen Themen zu amüsieren. Vergiß nicht, über deiner heutigen Pflicht des Küchenchefs, den Auftrag als Tischherr, und erwähne es niemals, wenn du gerackert hast, um dieses Mahl zu servieren. Sie würde ein schlechtes Gewissen bekommen, wenn sie wüßte, daß du dich für sie plagst.

... unaufmerksam sein und euren Liebesabend nicht durch überflüssige Telefongespräche unterbrechen. Schalte sämtliche Kommunikationsmittel aus, und widme dich mit geballter Bedachtsamkeit deiner Liebsten. Nötige sie nicht mit frauenfeindlichen Späßen, sondern fülle lieber ihren leeren Kelch. Schick die Kinder zur Zofe, und gib den Hund zur Pflegemutter, auf daß nichts eure Zweisamkeit stören möge.

... schlingen, mampfen oder spachteln, sondern Tischmanieren beweisen und die Gabel zum Mund führen und nicht umgekehrt. Achte darauf, daß deine Ellenbogen nicht mehr als insgesamt einen Meter der Tischkante beanspruchen, und unterstreiche deinen Wohlgeschmack nicht durch unflätige Laute. Serviere nicht zu reichliche Portionen, denn mit vollem Bauche liebt es sich nicht so unbeschwert.

... saufen und benebelt sein vom Alkohol, grunzend den Liebesakt nachlässig vollziehen, um in zwei Minuten lallend neben deiner Holden einzuschnarchen. Betrachte den Alkohol als Verbündeten, nie jedoch als engen Freund, denn dann wird er sich dir als Feind zu erkennen geben. Seine segensreiche Wirkung auf die Libido gilt schließlich nur, solange man ihn in Maßen genießt.

... egoistisch oder wüst sein und nicht eher kommen, als daß du deine Göttin nach allen Regeln der Kunst befriedigt hast. Vergeude nicht deinen Liebessaft, er raubt dir nur die Kraft und Energie. Eile, Hast und Lieblosigkeit sind verpönt, statt dessen widme dich der alten indischen Liebeskünste, um diese bis zur Perfektion zu beherrschen. Du steigerst dadurch nicht nur den Genuß deiner Geliebten, sondern potenzierst deine eigene Wonne bis ins Unendliche.

Pop(p)-Musik

Welche Musik darf's denn zum Verführen sein, Don Juan? Wie, Sie haben nichts Spezielles geplant? Sind Sie von allen guten Geistern verlassen?
Wenn Ihre Kochkünste Sie direkt und ohne Umwege zum Tor eines Frauenherzens bringen sollen, dann müssen Sie für die entsprechend geschmackvollen Klänge sorgen, denn die sind der passende Schlüssel, der das Schloß öffnet.
Wir Girls sind allesamt Gemütsheimer und lieben romantische Gefühlsduseleien, und wer kann bei zartschmelzenden »Schalmeien« schon widerstehen?
Sie brauchen ja nicht gleich die Laute auszupacken, aber ein wenig »music for the heart« bringt Sie Ihrem Ziel entscheidend näher.
Also tischen Sie am besten die Musik auf, die Sie mögen und bei der Sie sich wohl fühlen. Ich warne Sie, versuchen Sie bitte nicht ausgerechnet heute mit Klassik anzugeben, wenn Ihnen sonst die Wildecker Herzbuben viel lieber sind. Ob sich jedoch bei dem naturverbundenen Timbre der beiden beleibten Herzileins das erwünschte erotische Feeling breitmacht, möchte ich schwer anzweifeln.

Ich mache Ihnen hier nur einige wenige, aber dafür taktisch ausgeklügelte Vorschläge aus meiner ganz privaten Sammlung, mit denen Sie zum Warmlaufen ganz sicher die richtige Tonart treffen:

Begrüßen Sie Ihre Lady zum Cocktail oder Aperitif mit entspannenden Klängen: Instrumentals von **Kenny G** oder **Vangelis** machen sich gut; die »Songs from the last century« von **George Michael** kommen ganz jazzig daher, und **Enya** verzaubert mit sanften Ethno-Tönen. Warum? Frauen müssen sich anfangs eben erst mal akklimatisieren und orientieren, außerdem kann es sein, daß die Dame Ihres Herzens vielleicht genauso aufgeregt ist wie Sie selbst. Wählen Sie angenehme Hintergrundmusik, die nichts übertönt, sondern Ihre Konversation untermalt. Schön piano, piano, verstanden?!

Oder Sie passen die Ouvertüre Ihres Verwöhnabends vielleicht mal den kulinarischen Genüssen Ihres Liebesmahls an. Musikalisch-kulinarische Kombinationen lassen sich ganz gekonnt servieren:
Zum Italienischen Menü Sanftes von **Eros Ramazotti** oder vollendete Liebes-

lieder aus Verdis Opern: **Aida, Rigoletto oder Othello.** Auch bei Puccini hat Amor den Bogen raus: Mit **Tosca, Turandot und Madame Butterfly** liegen die Klassik-Liebhaber absolut richtig.
Zur *französischen Haute cuisine* passen ganz wunderbar Chansons von **Patricia Kaas bis Edith Piaf**, von **Charles Aznavour bis Gilbert Bécaud**.
Wie wär's mit *kreolischem Strand-Feeling* bei den angenehm leisen Reggae-Balladen des Jamaikaners **Gregory Isaacs** oder lebenslustigen Rhythmen von **Bob Marley und Konsorten**. Greifen Sie mal tief in Ihre heimische Musicbox, ich bin sicher, da läßt sich noch das ein oder andere Herzflimmern erzeugen.

Mit fortschreitendem Liebesmahl darf dann schon ein wenig mehr nachgewürzt werden:
Von den Alben der folgenden Künstler können Sie ohne Bedenken so ziemlich alles spielen; es eignet sich bestens als akustische Kulisse Ihres Verführungsabends.
Schmusige Songs von **Barry White, George Michael, Michael Bolton, Luther Vandross und Whitney Houston, Sade oder Toni Braxton** sind perfekte Essensbegleiter und lassen genügend Spielraum für Ihre Unterhaltung und selbstverständlich für den heißen Flirt. Je nach Geschmack gibt die Elite der Popmusik alles her, was Appetit macht.

Welche Musik Sie auch auswählen, achten Sie darauf, daß Sie sich noch steigern können. Denn wenn es zu späterer Stunde dann richtig zur Sache geht, ist »**Hot Stuff**« angesagt. Nun ist es an der Zeit, Ihren Joker auszupacken.
Diese Musik soll scharf machen und Sie beide zum Siedepunkt katapultieren.
Mein Tip: Lassen Sie es soft angehen, und schlagen Sie dann richtig zu.
Hier sind meine persönlichen Favoriten für den Sexy-Rhythmus:

1. Unangefochtene Spitzenposition hat bei mir das erotikgeladene **»Purple rain«** von **Prince**. Der Rhythmus stimmt einfach, probieren Sie's doch mal aus. Sollte sich Ihre Traumfrau nicht spätestens bei diesen Klängen die Fingerchen an Ihnen verglüht haben, kann ihr auch keiner mehr helfen.

2. Ein »Pop-Klassiker« par excellence ist und bleibt der **»Boléro«** von **Maurice Ravel**. In knapp 14 Minuten ist alles drin, inklusive Pauken und Trompeten. Ausdauer ist Ehrensache.

3. Und wer könnte jemals **»Je t'aime«**, das erotisch-musikalische Liebesgemetzel von **Jane Birkin** und **Serge Gainsbourg** vergessen, die damit die prüden Seventies aufmischte.

4. »Hochexplosiv« heißt die CD von **Ayman** und funktioniert stellenweise besser als jede Liebeserklärung.

Weitere Einheizertitel aus meinem »Mach-misch-fertisch-cherie«-Repertoire:

Joe Cocker »You can leave your hat on«
George Michael »I want your sex«
Janet Jackson »That's the way love goes«
Santana »Samba pa ti«

Langzeitlover können diese CDs mit unwiderstehlichen Songs voller Gefühl und Sinnlichkeit bedenkenlos durchlaufen lassen:

Macy Gray »On how life is«
R. Kelly »R«
BoysIIMen »Evolucion« (span.Version)
Barry White »Put me in mix«

Sampler:
Cafe del mar »Nr. 5«
Body & Soul »Nr. 3 –The romancin' side«

Explosive Spannung und animierende Grooves wie auch vieles für Fans leidenschaftlicher Balladen bieten **James Brown, Marvin Gaye, Al Jarreau, Peter Gabriel, Roxy Music u. v. a.** Sie treffen alle den berühmten Nerv, der Ihnen mehr als nur die Knie zittern läßt.
Kleiner Ratschlag am Rande für besonders romantische Fälle:
Vielleicht erinnern Sie sich noch an den Song, bei dem Sie sich kennenlernten, die Musik, bei der Sie sich verliebt in die Pupillen schauten, den Titel, bei dem Sie zum ersten Mal tanzten, küßten, liebten ... Mit der besagten Musik, begleitet von den sanften Worten »Erinnerst du dich, Schatz???« und einem Hauch von einem Kuß auf den Hals liegen Sie schon ganz richtig.
Also los geht's, meine Herren, ab in den nächsten Plattenladen, und schnell so ein paar Schmusesongs besorgt, das gibt endlos viele Pluspunkte. Oder wollen Sie die etwa verschenken? So was sollte jeder Mann immer in petto haben. You never know ... Schließlich macht der Ton die Musik!

Nachwort

Dieses Buch ist dort entstanden, wo ich mich am wohlsten fühle: in Los Angeles. Dem Schreiben ging eine wundervolle Zeit der transatlantischen Recherche voraus, die genauso viel Spaß gemacht hat.
Es würde mich freuen, wenn Sie sich gut unterhalten haben und ich hoffe, daß ich Ihnen einige Anregungen geben konnte. Meine Idee war es, Sie zu inspirieren, damit Sie Ihrer Geliebten Zeit und Aufmerksamkeit schenken. Ich wünsche mir aber auch, dass Sie mich richtig verstehen, wenn ich betone, daß es in diesem Buch um mehr als nur um Sex geht. Die Tips auf reine Anmache und Loverqualitäten zu reduzieren, würde heißen, nicht bemerkt zu haben, daß ich – zeitweise auch im Namen meiner Artgenossinnen – zwischen den Zeilen mit Zaunpfählen winke.
Auffallend bei meiner Recherche war, daß ganz offensichtlich zu viele Paare viel zu wenig Zeit füreinander haben. Immer mehr Termine sorgen für immer weniger Zweisamkeit. Aber Sexualität muß gefeiert werden, und das braucht Zeit. Darum plädiere ich für Love Days! Setzen Sie diese auf den Kalender, wann immer sie mögen und können. Wer Zeit hat, die Nation, die Kirche oder den Vatertag zu feiern, sollte sich auch die Zeit nehmen, die Liebe zu feiern!

Wichtig ist, daß Sie alles, was sie tun, freiwillig und ohne Erwartungen tun! Ihr Motiv sollte ausschließlich die Lust am Verwöhnen sein ... wobei Sie übrigens selbst am meisten Freude haben werden. Wenn Sie alles aus vollem Herzen tun, kommt dieLiebe automatisch mit ins Spiel, unabhängig davon, ob es sich bei Ihrer Angebeteten um ihre Ehefrau, Verlobte, Freundin, Lebensgefährtin, Affäre oder nur einen One Night Stand handelt. Die Frau in Ihren Armen ist für diesen Augenblick jedenfalls Ihre Geliebte, im eigentlichen Sinne dieses Wortes.

So, genug der Predigt, kochen Sie was das Zeug hält, verwöhnen, verführen und genießen Sie, und lieben sie sich, sooft Sie können.Ich wünsche Ihnen so viel Freude beim Ausführen, wie ich beim Schreiben hatte.
Ihre Gabriella Moliné

Bedanken möchte ich mich bei:

der **universellen Kraft**, die mich all diese Dinge ersinnen läßt und mir unglaubliche Erfahrungen ermöglicht;

meinem Mann **Norbert Alexiou**, den ich über alles liebe und der eine ständige Quelle der Inspiration ist, die nie zu versiegen scheint;
Elfriede und Rudolf Dittrich, meinen Eltern, für lebenslang offene Herzen, Arme und Ohren;
Klaus Werner Wagner vom »El Cinco« in Portocolom auf Mallorca, der fachmännisch meine Rezepte prüft und ein wahrer Weichkochprofi ist;
Vera Friederich, eine Meisterin der Photographie, die meine Wünsche so appetitlich umsetzte und so reich ist an genialen Ideen ;
Ingeborg Rose, die als Agentin das Beste ist, was einem Autor jemals passieren kann;
allen **Eichbörnern,** daß ich dieses Buch überhaupt veröffentlichen kann; **Oliver Thomas Domzalski**, meinem Lektor, mit offensichtlich unzerstörbaren Nerven; meinen Freundinnen **Helga Schunk, Isabel Geisslinger** und ihrem Freund **Reinhard Schmidt,** für die permanente Unterstützung während des Schreibens; **Reinhard Volz**, Los Angeles, für das Vertrauen in uns; **Ortrun und Alexander Bäumlein,** für die T.A.S.T.E.-Realisation und website; **Ludwig Fienhold**, für's kulinarische Know-How; **Michael Hudler,** Wiesbaden, für die Fotoassistenz; **Oliver Metzler**, Frankfurt, für's (Kräuter-)Hairstyling; **Tagmi Teyes,** Cuba, for the rice-swimming-suit; **Nina Schulz**, für das Henna-Design; **Veronique** und **Senad** für den Noteinsatz; meinem **Ginger-Tier**, einfach nur für's Dasein; und allen Männlein und Weiblein, die mir für Interviews, Ideen und Testessen zur Verfügung standen. Love and kisses, Fragen....keine!

T.A.S.T.E.

Das sinnliche Dinnererlebnis

»Kein Genuß ist vorübergehend, denn der Eindruck, den er zurückläßt, ist bleibend.«
(Goethe).

Nach diesem Motto hat Gabriella Moliné eine Veranstaltungsidee konzipiert, die ganz nah am genießerischen Erleben aller Sinne ist. In Verbindung mit ihren beiden Verführungsbüchern »Wie Sie jeden Mann weichkochen« und »Wie mann jede Frau weichkocht« entstand ein außergewöhnlich anregender Event:

T.A.S.T.E. ist die Kunst der Verführung: The art of dining!
Weil zu einem gelungenen Dinner mehr gehört als nur gutes Essen. Und das beginnt weit vor der Vorspeise und endet noch lange nicht beim Dessert.

Gabriella Moliné geleitet durch dieses Erlebnis!
Erscheint um zu führen, die Wahrnehmung zu schärfen und Empfindungen zu wecken.
Um anzuregen und zu überraschen. Denn ihre Vielfältigkeit ist Programm: Gabriella Moliné unterhält vom ersten Ton an, moderiert und informiert, liest und erzählt.
Und vor allem: sie singt und verführt zwischen den Gängen.

Mit sämtlichen Sinnen genießen!
Augenweide, Ohrenschmaus, Gaumenkitzel und Tafelfreuden ganz neu erfahren. Lustvoll in Verführungen schwelgen, sich inspirieren und die Phantasie anregen lassen. Sinnliche Genüsse bewusst auskosten und Leidenschaften entdecken. Sich rundherum verwöhnen lassen.

Mehr Infos über T.A.S.T.E. im Internet unter **www.gabriella-moline.com**